教育强国建设

朱永新 著

华东师范大学出版社
·上海·

图书在版编目（CIP）数据

教育强国建设 / 朱永新著 .—上海：华东师范大学出版社，2025.
— ISBN 978-7-5760-6201-4

I. G52

中国国家版本馆 CIP 数据核字第 2025GR1944 号

大夏书系 | 知道

教育强国建设

著　　者	朱永新
策划编辑	林茶居
责任编辑	万丽丽
责任校对	杨　坤
装帧设计	吴元瑛

出版发行	华东师范大学出版社
社　　址	上海市中山北路 3663 号　邮编 200062
网　　址	www.ecnupress.com.cn
电　　话	021-60821666　行政传真 021-62572105
客服电话	021-62865537
邮购电话	021-62869887
地　　址	上海市中山北路 3663 号华东师范大学校内先锋路口
网　　店	http://hdsdcbs.tmall.com/

印刷者	北京汇林印务有限公司
开　　本	787×1092　32 开
印　　张	5.25
字　　数	100 千字
版　　次	2025 年 6 月第一版
印　　次	2025 年 6 月第一次
印　　数	4 100
书　　号	ISBN 978-7-5760-6201-4
定　　价	55.00 元

出 版 人　　王　焰

（如发现本版图书有印订质量问题，请寄回本社市场部调换或电话 021-62865537 联系）

"知道"弁言

"知道",大夏书系新的子系列。

道即道路,道即道理,道即规律、本质,道即"自身深处"。

知即颖悟、通晓、深明,知即知不明、知不足、知不知。

管子曰:"闻一言以贯万物,谓之知道。"

知教育之道,道教育之知。此,"大夏书系·知道"也。

大夏过往,已有不少"知道"之书。如今独立命名,意在呼应教育学术转型、人工智能突进、世界文明互鉴的当下情势。其背后蕴含某种省思:一个教育出版品牌,如何基于此、为了此,做点力所能逮的工作。

一个可能的阅读功用是:助益信任大夏

书系的朋友们，建设"更高的自我"，并习惯于"与更高的自我打交道"（尼采）。

在"大教育"的框架内，"知道"将集纳关涉重要课题或基本问题的论说文、讲演录、箴言集、非虚构（随笔、纪实、深度调查、民族志、口述史……）等作品，五万字左右，理性，善意，清明，不吵吵闹闹。它一定来自深入的现实勘探和长时段的思想积淀，人与文、文字与生命（生活、职业、社会交往等），在岁月里互证、互明。

岁月照见了历史、人性的缝隙与坎坷，也打开了社会、教育的前景和进路。"知道"，正是对岁月的凝视、倾听、讲述。讲述即倾听、凝视，反之亦然。

以镜与灯，为树与人。把"知道"作为方法，"大夏书系·知道"也。

目录

自　序 —— 001

教育强国建设：内涵、挑战与实践路径 —— 001

> 需要用国际比较的眼光看教育强国，看我们的一些关键教育指标是不是在全世界处于领先的地位，是不是处在第一方阵；需要用服务贡献的眼光看教育强国，看我们的教育能不能有效服务于民族复兴、国家富强、人民幸福，能不能促进经济社会的发展和人的全面发展。

教研制度：强国建设的教育基石 —— 041

> 2022 年，我有幸获得全球最大教育奖项"一丹教育发展奖"，其中一个重要的原因，就是新教育实验找到了教育理论与一线教师之间的桥梁，通过专业阅读、专业写作和专业交往，让一线教师掌握和运用教育理论。我国的教研制度，正是由一群教育理论基础相对较好、终身学习能力相对较强的"教师的教师"，通过教研的桥梁，把先进的教育理念和教育理论，带给一线的普通教师……

深化教育改革与发展新质生产力 —— 073

新质生产力是由技术革命性突破、生产要素创新性配置、产业深度转型升级而催生的先进生产力质态。新质生产力以劳动者、劳动资料、劳动对象及其优化组合的跃升为基本内涵，具有强大发展动能，能够引领创造新的社会生产时代。教育与生产力发展关系密切，在发展新质生产力方面具有不可替代的重要作用。

强化教育的弹性设计，为人口高质量发展提供支撑 —— 139

人口的规模和结构变化深刻影响教育供给。2012—2022年十年间，受全面二孩政策的影响，全国范围内基础教育阶段在校生总数呈现先减少后增加的态势。近几年，受人口出生率降低的影响，我国基础教育在校生将总体呈现先达峰后减少的变化趋势。同时，不同区域人口变动和人口结构的峰谷变化不同，教育需求具有差异性。这些都对教育资源的科学合理配置提出了挑战。

自 序

华东师范大学出版社旗下品牌大夏书系计划开发一个新系列，选题的定位大致是：为世界教育发展贡献中国智慧，为中国未来建设提供当代经验。希望我也能够参与其中。

大夏书系是我的老朋友，这些年来出版了我的十余本著作，包括《过一种幸福完整的教育生活——朱永新教育讲演录》《未来因你而来——我与新教育人的故事》《给教师的信：阅读与人生》，以及中国著名校长的办学思想录、特级教师的教学思想录、班主任的德育思想录、教育局长的管理思想录，等等。我不能拒绝大夏书系的好意，就将近年来结合全国政协和民进中央的调查研究撰写的几篇政策研究文章整理了一下，算是"恭敬不如从命"。

在考虑这本书的主题和选文时，正值全国教育大会召开。习近平总书记在讲话中关于教育强国建设的论述给了我很大启示。总书记指出："建成教育强国是近代以来中华民族梦寐以求的美好愿望，是实现以中国式现代化全面推进强国建设、民族复兴伟业的先导任务、坚实基础、战略支撑，必须朝着既定目标扎实迈进。"教育强国建设的内涵是什么？面临的挑战有哪些？应该通过哪些路径去实现？这是本书试图要回答的问题，因此把此书定名为"教育强国建设"。

本书共四篇文章。开篇《教育强国建设：内涵、挑战与实践路径》是具有总括性的概论，后三篇分别讨论了教研制度、教育与新质生产力、教育与人口变化等三个与教育强国建设关系非常密切的重大问题。四篇文章先后发表在《教育研究》和《中国远程教育》两本刊

自　序

物，在此特别感谢张彩云、贾玉超两位主编，以及刘洁老师、郭丹丹老师，没有他们的热情邀约、耐心催稿和细致修改，就不会有这几篇文章的问世，也不会有这本小书的出版。

需要说明的是，原文中引文和数据较多，收入本书时，出版社基于相关排版规范，作了一些技术处理，以使格式统一。如需查找、核对，可以参考文末注明的原发表刊物。对由此造成的不便，深表歉意。

朱永新
甲辰寒露写于北京滴石斋

教育强国建设：内涵、挑战与实践路径

自党的十九大以来,建设教育强国、优先发展教育已经成为我国教育事业发展的基本方针。习近平总书记在党的二十大报告中指出,要"坚持教育优先发展、科技自立自强、人才引领驱动,加快建设教育强国、科技强国、人才强国",深入实施科教兴国战略、人才强国战略、创新驱动发展战略,开辟发展新领域新赛道,不断塑造发展新动能新优势。在 2023 年 5 月 29 日中共中央政治局第五次集体学习中,总书记再次强调了建设教育强国的必要性,指出这一建设举措是全面建成社会主义现代化强国的战略先导,是实现高水平科技自立自强的重要支撑,是促进全体人民共同富裕的有效途径,是以中国式现代化全面推进中华民族伟大复兴的基础工程。

总书记的重要讲话,阐释了建设教育强国的重要意义,指明了教育强国建设的前进方向,在教育界引起了强烈的反响与共鸣。建设教育强国这一宏大工程,具有划时代意义,需要教育界有关专家学者及一线工作者在理论思想上学深悟透,在工作实践中探索创新,认真学习和贯彻落实习近平新时代中国特色社会主义思想,以教育强国为目标,谋划中国未来的教育发展。本文对教育强国建设的理论内涵、时代挑战、实践路径等方面进行阐释,以期深化教育界对教育强国建设的理解,推动共同合作,实现伟大目标。

一、教育强国建设的内涵与标志

把握教育强国建设的理论内涵,深刻认识教育强国建设的突出特征、重要内容和显著标志,是全党全社会正确理解教育强国建设目标及建设任务的理论前提，对于后续有效推进教育强国建设具有重要意义。在中国特色社会主义的语境下，教育强国建设具有丰富的内涵，包括建立高质量的教育体系和全方位的学习型社会等，是否建设成功可以从内部和外部来衡量，体现为国内教育现代化水平和国际教育竞争力等要素。

（一）中国特色社会主义语境下的突出特征

习近平总书记在全国教育大会上的讲话中特别指出，"我们要建成的教育强国，是中国特色社会主义教育强国"。该讲话明确提出了建设目标最突出的两个特征，第一是"中国特色社会主义"的。习近平新时代中国特色社会主义有两个显著的特征，这就是把马克思主义基本原理同中国具体实际相结合，同中华优秀传统文化相结合。在教育上表现为"九个坚持"，即坚持党对教育事业的全面领导，坚持把立德树人作为根本任务，坚持优先发展教育事业，坚持社会主义办学方向，坚持扎根中国大地办教育，坚持以人民为中心发展教育，坚持深化教育改革创新,坚持把服务中华民族伟大复兴作为教育的重要使命,坚持把教师队伍建设作为基础工作。第二是"教育强国"。所谓"强",是在比较的过程中实现的。教育强国有一些共同的指标,如国家的整体教育发展水平、教育对经济社会发展的贡献度、国民对教育的满意度、教育的世界影响力等,涵盖基础性指标、发展性指标和保障性指标,也应该有自己的独特优势。当今世界已有诸多教育强国,这些国家在各自的语境下,依据国情提炼出了推动其教育发展的建设经验。然而,这些经验并非全部适用于中国国情。中国特色社会主义的教育强国,赋予了教育之于全面建设社会主义现代化国家前所未有的重要使命担当,需要在中国历史发展坐标系中,坚持守正创新,支撑全面建成社会主义现代化强国的教育战略;同时,也需要在世界发展坐标系中,勇于创新突破,影响并引领世界发展潮流的教育战略。

中国特色社会主义教育强国的突出特征,可以进一步具体化表述为:坚持党对教育事业的全面领导，以立德树人为根本任务，以为党育人、为国育才为根本目标，以服务中华民族伟大复兴为重要使命，以教育理念、体系、制度、内容、方法、治理的现代化为基本路径，以支撑引领中国式现代化为核心功能，最终形成结构合理、特色鲜明、人民满意、世界领先的现代化教育强国。

（二）教育强国建设的重要内容

教育强国建设是一项系统工程，拥有庞大的体系，涉及许多重大教育建设任务。要实现这一目标，必须准确把握它蕴含的重要内容，理解其宏大目标下的延伸意义。

建设教育强国，首先要建设高质量的教育体系。高质量是一个相对的概念，意指与新时代发展要求相适应的、面向未来发展的高质量。高质量的教育体系包括高质量的基础教育体系、现代职业教育体系和高等教育体系。国民教育体系是否高质量，教育现代化是否得到实现，需要从教育体系自身及其与国家社会各项事业发展的相互关联来衡量和分析，在总结过往经验的基础上，着眼未来发展趋势，确定新的衡量标准、制度以及模式。

高质量教育体系建设需要从多个方面推进。

第一，进一步确定各级各类教育的人才培养标准和课程标准。我国课程标准先后经历了从重视知识到重视知识与技能，再到重视知识与技能、方法与过程、情感态度与价值观的变化。新时代建设教育强国需围绕立德树人展开，如何完善课程标准，是落实立德树人的首要问题。因此，需要重新研究并制定核心素养内容，继续开发新的生命课程、特色课程、劳动课程等适应新时代发展要求的课程。高质量教育体系建设，要能"支撑引领中国式现代化"，不仅需要支撑和引领中国现代化科技创新体系的发展，还需要满足中国现代化产业体系的发展需要，进而实现中国现代化社会建设、文化建设、生态文明建设持续高质量发展。为达成上述目标，中国教育应当切实统筹推进整个教育体系内育人方式、办学模式、管理体制和保障机制的改革，切实解决教育的"不充分"问题，使一切教育生产力、学生发展潜力充分涌流，从而推动人的全面发展。

第二，高质量教育体系建设，需要把握教育体系自身的结构均衡、区域均衡、顺畅衔接、富有活力、可持续发展问题。由于历史原因和自然地理、生产力布局、发展阶段的差别以及社会文化观念的影响，中国教育体系内部的差别仍然较大，这是建设高质量教育体系必须重视的客观现实。教育强国建设，应该致力于推进教育公平发展，消弭这种内部差距和不平衡，顶层设计应当锚定区域和城乡、教育类型两个重要参数均衡发力，切实解决教育体系发展"不平衡"问题，实现中国教育各区域、各级各类教育的高质量均衡发展。

第三，高质量教育体系建设也包括全民终身学习的学习型社会、学习型大国建设。要通过一系列体制机制变革，广泛深度应用现代教育技术（数智教育）和学分银行体系，建设一批新型学习中心，实现人人皆学、处处能学、时时可学的社会教育、继续教育、非正式教育蓬勃发展的现代教育图景，支撑国民受教育程度不断提高、人力资源开发水平全面提升，促进中国特色社会主义条件下全体人民的全面发展、终身发展。

目前中国已有上海、杭州、成都等近十座城市加入了联合国教科文组织全球学习型城市网络，这说明中国在建立学习型社会、学习型大国方面已经迈开了坚定的步伐，受到国际教育界的认可，也意味着在未来，中国其他城市建立完善的终身学习体系已具备可供参考的经验，能够通过区域带动、协同合作等方式，早日建成学习型社会、学习型大国和学习型强国。

教育强国建设与科技强国建设、人才强国建设这两个目标具有内在一致性和相互支撑性，要在三者有机集合中，在一体统筹推进中来把握教育强国建设的内涵。要全面对照中国式现代化发展的全方位人才需求、科技需求，以高质量基础教育（学校教育）为基点，以世界一流高等教育为龙头，以现代职业教育和高水平社会化教育为两翼，推进职普融通、产教融合、科教融汇，全面推进教育强国建设。

（三）实现教育强国建设目标的显著标志

教育强国建设目标是否达成，应当从内部和外部两个方面的显著标志进行衡量。从内部看，通过未来十余年的改革发展，中国教育将在很大程度上解决发展不平衡、不充分的矛盾，实现中国自身的优质均衡和可持续发展。中国教育自身既是中国式现代化的一部分，又能为国家整体的高质量发展提供有效的智力和人才支撑，实现教育红利的最大化。

从外部看，中国将建成具有强大影响力、竞争力的世界重要教育中心。在科研合作、学科建设、人才国际流动性、国内外合作办学等方面，中国都将提升国际竞争力与吸引力。在"一带一路"倡议指导下，与更多国家实现区域教育合作，成为沿路国家教育领域的领跑者之一，以更高的水平促进国际教育治理格局均衡化发展。

总而言之，需要用国际比较的眼光看教育强国，看我们的一些关键教育指标是不是在全世界处于领先的地位,是不是处在第一方阵;需要用服务贡献的眼光看教育强国,看我们的教育能不能有效服务于民族复兴、国家富强、人民幸福,能不能促进经济社会的发展和人的全面发展。

二、教育强国建设面临的问题与挑战

党的二十大报告指出,"我国发展进入战略机遇和风险挑战并存、不确定难预料因素增多的时期"。在这样的时代背景之下,教育强国建设也面临着一系列的挑战,如何应对挑战,加大改革的力度,是摆在我们面前的一项重要任务。

(一)充分满足教育数字化需求

我们已经进入了一个数字化时代。《中华人民共和国国民经济和社会发展第十四个五年规划和2035年远景目标纲要》明确提出,要主动迎接数字时代,激活数据要素潜能,推进网络强国建设,加快建设数字经济、数字社会、数字政府,以数字化转型整体驱动生产方式、生活方式和治理方式变革。教育数字化，不仅仅是数字化转型的重要领域，也是教育强国建设面临的最重要挑战之一。

日新月异的数字化发展趋势，要求我国加强教育数字化建设，建立国家数字学习平台，建立国家教育数据库。根据我国2023年面向全球发布的《中国智慧教育蓝皮书（2022）》，作为数字时代的教育新形态，智慧教育将从核心理念、体系结构、教学范式、教育内容和教育治理五个维度为我国教育注入全新活力。具体来说，教育数字化建设可以从以下四方面展开。

其一，加强国家教育数字化平台建设。国家智慧教育公共服务平台自从2022年3月上线以来，截至2023年6月28日，平台累计浏览量达260亿次，访客量超19.2亿人次，访问用户覆盖200多个国家和地区。总的来看，目前的国家智慧教育公共服务平台已经具备国家教育数字化学习平台的基本功能，在此基础上，未来有望成为中国最大的公共、公益学习中心，成为中国最大的一个网络学校。所有人可以通过身份证登录,借助这个平台完成学业和考试,并能获得相应的学分或者认证。

其二,加强国家教育数据库建设。教育决策应该建立在一个好的数据库的基础之上。这个数据库内容翔实、数据充分,能够为教育决策和评价提供充足的、坚实的数据支持。许多发达国家如美国建设有国家教育数据库,学术界的教育科学研究和政府的一些重要决策都要建立在这些数据的基础上。目前中国的基本教育数据分散而且凌乱,急需一个平台集中管理,例如全国学生的心理健康状况、各个城市的教育经费投入情况、人口出生比例的下降对教育带来的影响等数据,都需要国家教育数据库的支持。

其三,建立健全国家学分银行体系。考试与评价是教育改革的关键所在,要进一步强化学习过程的评价,弱化文凭在升学、就业中的作用。可以借助目前的国家智慧教育公共服务平台,让所有人以身份证号为学习账号,把学习过程都记录在个人账号中,使每个人能够进行个性化的学习,更畅通地进行教育类型转换和国际化流动。

其四，深化人工智能引领教育升级的路径研究。教育强国建设需要使中国处在时代的浪尖，不断开创人工智能赋能数字教育转型的实践路径，使数字化发展服务于全社会，成为全球教育数字化转型的引领者和开拓者。应着力推动人工智能时代国家教育政策的辅助和规范功能，着力完善人工智能时代教师教育能力发展新矩阵，着力建立人工智能时代学生核心素养发展新要求，着力开发人工智能时代素质教育协同发展新模式，等等。同时，创设人工智能时代的人才流通新方法，促进教育的全方位公平（地域、性别、特殊群体等），使得优秀的教育资源和高质量人才虽不能为我所有，但可以为我所用。

（二）建构多元化教育投入体制

中国具有世界规模最大的教育体系，需要有充分的财力支撑这个体系，这是教育强国建设的财政基础。建设教育强国，必须毫不动摇地坚持教育超前布局、优先发展，进一步加大教育投入，建构多元化教育投入体制。

首先，逐步将国家财政性教育经费占 GDP 比例提高到 5%。教育部日前发布的最新数据显示：2022 年全国教育经费总投入为 61344 亿元，比上年增长 6%。其中，国家财政性教育经费为 48478 亿元，比上年增长 5.8%。我国已连续十年实现财政教育经费占 GDP 不低于 4% 的目标，接近中等偏上收入国家的平均水平。但与世界教育强国相比仍有一定距离。2020 年我国财政性教育经费占 GDP 的比例为 4.22%，在全球有数据的国家和地区中仅居第 89 位，而同期 OECD（经济合作与发展组织）国家的均值为 5.2%。为了加快教育强国建设，应逐步将这一比例提升至不低于 5%。同时，确保国家一般公共预算教育经费占一般公共预算支出的比例不低于当前的水平。

其次，改革民间教育资本投入政策。中外教育发展的经验告诉我们，民办教育不仅应当作为公办教育的必要补充，更应当成为教育体系中不可缺少的重要组成部分,对于激活教育力量、提升教育质量具有不可或缺的"鲇鱼"作用。建议进一步统筹协调社会教育资源,支持个人、企业和机构成立各种公益基金会,举办非营利教育。非营利性民办教育可以不受比例限制,同时完善财税、土地、金融、就业等政策,支持企业举办或参与举办职业教育。进一步完善第三次分配政策,吸引更多的民间资金投向教育。

再次,完善非义务教育阶段教育家庭成本分担机制,适时调整高等教育学生学费标准。非义务教育阶段的家庭成本分担机制,可以考虑根据家庭的收入情况承担不同额度的费用,同时,进一步完善学生资助体系,增加宣传和引导,简化申请流程,建立审批绿色通道,确保家庭困难学生获得平等的享受优质教育的机会。进一步建立健全奖学金等奖励制度的申请标准与流程,保障教育资助落实到有需要的学生手上。

最后,建立公共教育市场化配置新机制。在基础教育领域,扩大政府购买公共服务范围,解决公共教育产品短缺以及公共服务能力不足等问题。在职业教育领域,通过股份制等方式,大力推进政府与市场主体合作办学。在高等教育领域,改革完善高等教育投入机制,逐步降低高等教育经费计划配置的比例,积极探索高等教育经费市场化配置新机制。

(三)推动实现全方位教育公平

中国式现代化人口规模巨大,需要实现全体人民共同富裕,建设教育强国,必须加快促进教育公平。目前,我国教育公共服务发展不平衡不充分的问题仍然比较突出,教育体系的公共服务能力仍然不足,城乡区域间的服务水平差距仍然较大,需要进一步改善。

第一,大力缩小省际间教育投入的差距。2021年,我国小学、初中生均一般公共预算教育经费支出最高的省(自治区、直辖市)是北京市,分别为35473元、64124元,而最低的河南省,分别只有7099元、10436元。一般公共预算教育经费占一般公共预算支出比例最高的是广东省，占比为20.79%；最低的是黑龙江省，占比为11.9%。应尽快缩小省际间基础教育经费投入差距。进一步加大对中西部地区经济发展薄弱省份基础教育的财政转移支付力度，到2035年，争取将省际间基础教育投入差距控制在一定范围之内。

第二，推动义务教育管理由县级统筹向省市统筹转变，推进基础教育公共服务均等化。应逐步调整义务教育统筹管理层级，高中阶段教育的管理层级适应城市群、都市化发展的新形势，强化大中城市对高中阶段教育的统筹管理职能，强化"县中"在我国经济社会发展和教育发展格局中的战略地位。尽快出台基本教育公共服务均等化清单，实施基础教育全域优质均衡发展战略。

第三，进一步调整完善中西部"部省合建"高校办学体制，在"十四五"期间争取做到每省都至少拥有一所教育部直属高校，由中央财政承担办学经费，地方政府给予适当支持。对于一些人口大省，要按照人口比例建设更多高水平高校。

第四,进一步关注数字化背景下教育不平等问题。新时代背景下对教育的全方位公平需要加大关注力度。数字时代的到来对教育公平提出了新要求,"数字性别鸿沟"的教育性别不平等问题需要社会意识的迭代。经济合作与发展组织 2020 年的调查结果显示,成员国中 15 岁的女孩希望从事信息技术相关行业的平均比例仅有 0.5%,而男孩则达到 5%。虽然许多调查研究结果显示,女性在平均能力上并不弱于男性,但是 STEM(Science、Technology、Engineering、Mathematics)相关专业女生比例小已成为普遍现象。缓解性别数字鸿沟不仅仅需要在教育教学上更加关注提升女生数字发展的信心和动力,及时给予鼓励和帮助,更需要更新社会意识形态,加强宣传和引导,从学校、家庭和社会方方面面给予女性支持与期待。

数字时代的到来给予了弱势群体接受平等教育的新机遇,针对视听障碍、语言障碍等特殊人群的人工智能陆续被开发出来,应用于特殊教育。例如,谷歌公司开发了一款帮助自闭症儿童融入集体生活的眼镜，帮助他们识别周围人的表情，激活反馈。建设中国特色社会主义国家需要我们关注到方方面面的教育公平，切实考虑不同学生的教育需求，增加受到平等教育的人口基数。

（四）加强生态文明教育

2021年，联合国教科文组织发布了《一起重新构想我们的未来：为教育打造新的社会契约》(Reimagining our futures together: A new social contract for education)。这份报告提出，全球各国需要重新定向，因为人类的未来取决于地球的未来，而这两者都面临危险。当下迫切需要一项"面向教育的新社会契约"，"让我们能够换一种方式去思考学习以及学生、教师、知识和世界之间的关系"，重建我们与彼此、与地球、与技术之间的关系。这份报告，将教育从人类中心向生态中心进行了拓展。

这份发布于2021年的报告让我们直面了许多令人震惊的事实：较之整个哺乳动物时代变化最极

端的时期,今日大气化学成分变化速度要快十倍;从地球自12.5万年前最后一次冰期以来,现在竟是最热的一个时期;因为人类活动持续加速气候变化,地球上多达半数的热带珊瑚礁已经死亡,10万亿吨冰川已经融化,海洋酸化进度持续加剧。气候变化的影响已经深入整个地球的生态系统之中,并且将在未来的30年继续影响地球上的生命。人类目前的生态足迹表明,仅仅一个地球远不足以支撑我们的生活。

　　危机重重的地球已经向教育发出了求救信号。这份报告明确提出:学校应成为"实现可持续发展和碳中和目标的典范,以塑造我们所期望的未来"。"教育必须促使人们意识到环境、社会和经济之间内在的相互联系。课程必须汲取各种形式的知识,帮助学生及其社群认识到人类与这个并非有人类梦想的世界存在不可分割的联系。从而使其能够适应环境和扭转气候变化。"作为一个负责任的大国,中国郑重向全世界承诺了2030年"碳达峰"和2060年"碳中和"的"双碳"目标。而这一目标的如期实现，要求我们采取低碳消费这一全民参与气候变化应对的最直接路径。与此同时，面向全社会的"碳中和教育"也是不可或缺的必要路径。

第一，要完善节约资源和绿色低碳的学校教育。教育者应当在课程体系中充分纳入节约优先、低碳绿色生活的理念，并通过编写适合不同年龄段学生的教材读本、设置专门课程等有效举措，将相关内容融入各个学习科目当中。积极弘扬、传承勤俭节约等与低碳绿色生活相关的优秀传统文化，帮助师生培育起低碳的健康消费习惯，增强低碳的环境保护意识。要开展丰富多样的校内外活动，持续加强绿色学校建设，完善绿色学校标准和标识管理。

第二，要发挥学校教育对家庭、社会的带动作用。教育一个学生，带动一个家庭，影响整个社会。组织开展"小手拉大手"主题活动，号召学生动员家庭成员，实现生活方式绿色低碳化。促进家庭参与社区、街道志愿服务等形式，践行节约的生活理念。

第三，要深入开展绿色低碳全民教育。增强公众节约意识，塑造公众对于低碳生活有益于身心的正确认识，发挥示范引领作用。建立和完善公众参与机制，定期编制颁布全民节能减排手册，给予居民明确指导。健全环境信息公开机制，为公众参与绿色低碳循环经济建设提供信息平台。

学界曾经认为，只要在 2050 年达到零碳排放，就能够防止气候变化带来最坏的影响，但是最近的科学研究表明，这一最后期限会大大提前。我们必须以碳中和教育加速人类的认知和行动，保护我们唯一的地球，守卫我们共同的家园。

（五）积极应对少子化和老龄化问题

当前我国处于人口结构的历史性转折时期，计划生育政策的长期影响，加之经济发展速度放缓，人口少子化与老龄化问题日益突出，以教育红利取代人口红利刻不容缓。2022 年，我国人口出现了近 60 年来首次负增长，出生率从世纪初的 14% 跌至 7% 以下，据测算我国总和生育率已下滑至 1.09，在目前世界上人口过亿的国家中属于最低生育水平。出生率的下降会直接导致生源数量从基础教育阶段到高等教育阶段依次减少，各学段入学人数也将逐年下降。2022年，我国学前教育在园幼儿人数与前年相比下降了3.7%，小学学生数下降了4.55%。与此同时，进入职业学校、乡村学校的学生数量也将逐渐减少，要求我国同步深化普通教育与职业教育改革，保障各类型学校教育质量，建立良好的教育评估机制。在教育改革中，需建立不同教育类型间畅通的流动路径和横向、纵向贯通的教育立交桥，并优化不同学校类型、学段间的教育资源配置，及时调整班额、生师比，在保证教育质量的同时，达到各学校的基本办学要求。

此外，人口预期寿命的不断增长将导致人口老龄化的进一步加剧，教育的一大重心将转向老年教育以及与老年护理相关的职业教育培训，不仅要保障老年人的终身教育权利，建设并完善老年大学和在线学习平台，还应当培养更多老年护理专业人才，通过多种形式的职业教育培训和专业资格认证，弥补我国老年护理专业起步晚的问题。国家统计局 2022 年的数据显示，目前我国劳动人口面临着日益增加的养老压力，老年人口抚养比近十年来呈倍增态势，在 2021 年超过了 20%，这一变化要求高等院校与职业教育学校加快提升适龄劳动人口的职业能力与综合素质，增强其应对抚养问题的容纳力。

（六）加速扭转教育功利化倾向

长期以来，应试教育导致的教育功利化、短视化行为对全社会产生了严重的负面影响，"唯升学""唯成绩"的教育政绩观，违规争抢中小学优秀学生的行为，在周末、寒暑假、法定节假日组织师生集体补课，不严格执行国家课程方案、严重剥夺学生正常睡眠时间的行为，提前结束课程备考、提前教授高中课程的教育抢跑行为，等等，严重破坏了我国基础教育生态，已成为推进教育现代化、建设教育强国、办好人民满意教育、落实立德树人根本任务的最大系统性障碍。要形成健康的教育环境和生态，必须加大教育常识的普及力度，传播科学的教育观念，缓解社会的教育焦虑；深化新时期教育评价改革，构建多元主体参与、符合中国实际、具有世界水平的教育评价体系；深化劳动人事制度改革、事业单位改革、公务员招录制度改革，完善社会保障制度，织密民生保障安全网；提升教育治理体系效能和水平，彻底扭转教育功利化、短视化问题，在平衡的教育生态下保障亿万青少年儿童健康成长。

作为一项有效监督措施，可以适时出台《教育功利化、短视化行为专项治理行为具体表现清单》，各地、各部门、中小学对照"清单"，开展自查自纠活动，切实做到令行禁止；把清理教育功利化、短视化行为的成效，作为考核地方党委、政府、教育行政部门工作和中小学校长、教师工作评价的重要内容，对教育功利化、短视化行为严重，清理整顿不力的地方、部门和学校主要负责人予以严肃问责；将专项治理行动与中央和地方政府教育督导的常规内容结合起来，形成教育生态治理的长效机制。

三、教育强国建设的实践路径

全面实现社会主义现代化，保证经济社会稳健发展，需要全体人民具备良好的核心素养，教育强国建设是我国从人口红利为主转向以教育红利为核心的必由之路。习近平总书记强调，从教育大国到教育强国是一个系统性跃升和质变，必须以改革创新为动力。要坚持系统观念，统筹推进育人方式、办学模式、管理体制、保障机制改革，坚决破除一切制约教育高质量发展的思想观念束缚和体制机制弊端，全面提高教育治理体系和治理能力现代化水平。这是中国推进教育强国建设需要根本遵循的总体方法论。在统筹创新的方针引领下，实现教育强国建设，需要在政策、方法路径和组织保障等多个方面规划实践路径。

（一）教育强国建设的法制保障与政策举措

坚实的法律保障是教育强国建设的重要基础。

在依法治国的思想引领下，需要加快完善教育法制体系，厉行全国教育大会提出的依法治校与依法治教，强化教育领域的法治保障，提升教育治理能力和在法治轨道上推进教育强国建设的能力。

开展政策评估工作，能够对政策收效及未来改革方向进行有效反馈。在教育领域，需要全面开展新时代以来中央出台的各项教育政策贯彻落实情况的评估与督查工作，推进教育改革发展的决策部署落地、落实与落细。党的十八大以来，党中央坚持把教育作为国之大计、党之大计，作出加快教育现代化、建设教育强国的一系列重大决策部署，推动新时代教育事业取得历史性成就、发生格局性变化，事实证明中国特色社会主义教育发展道路是完全正确的。但是，因为体制机制惯性、思想观念惯性、改革事项本身的复杂性，以及区域、城乡各种客观条件差异的制约，附加近三年多来世纪疫情之影响，很多重大决策部署的落实情况未达政策预期目标。推进教育强国建设，制定建设规划纲要，绝非要另起炉灶，相反，必须改变现实中存在的政策执行不力、改革部署落实不到位的情况，否则，教育强国建设的规划纲要、目标任务，有可能出现政策部署空转、无法落地的问题。

（二）教育强国建设的方法路径

建设教育强国，不仅需从我国内部健全和完善教育体系，还应当站在制度自信、文化自信的高度，同步推进教育改革与对内对外开放水平。

第一，加大教育的开放力度。教育体系改革不应排斥国外先进的经验与成果，而应当在因地制宜吸收国外优秀经验的基础上，提升我国教育体系的整体活力、对外合作能力与国际影响力。

就对内开放而言，教育始终是一项全民事业，中国特色社会主义教育必须坚持以人民为中心的立德树人发展道路，尊重并保障人民主体地位，坚持和完善现有教育领导体制。相反，如果隔绝了社会投入和社会性参与，教育本身将陷入体制模式单一和僵化的困境，难言发展活力、多样性发展、高质量发展。教育应当始终坚持终身学习理念，在全社会范围内倡导人民的素质教育，使每一位受教育者都能拥有"幸福完整的教育生活"，同时在教育体系内实现家校社合作共育。

在对外开放方面，我国目前已建成世界最大规模的高等教育体系，未来高等教育应当更多关注世界前沿科技，填补目前各学科专业领域的空白与薄弱之处，使更多全球高水平大学在中国建立合作办学机构，建立一批"国际化教育先行示范区"，吸引全球顶尖科技人才来华从事教学和科研工作，吸引优秀留学人才，使来华留学生教育制度的制定和实施更符合国际准则、教育规律和国情现状。应进一步加大改革力度，推进并扩大一年制硕士项目试点，构筑具有国际竞争力的吸引外国留学生留学中国的制度优势，推进国际学生培养提质增效，助力我国成为世界主要科学中心和创新高地。此外，要大力营造包容开放的生态环境，支持和鼓励各类高校走出去办学，在重大原始创新和关键核心技术问题方面，与国外一流大学、科研机构开展合作研究和联合攻关。

与此同时,我国需要组织好各方面力量,积极参与全球教育治理,拓展国际组织新建、引驻与合作,推进高等教育高水平对外开放。对外要讲好中国故事、传播中国经验,增强我国教育的国际影响力和话语权,助力建设具有强大影响力的世界重要教育中心。为进一步增强国际公信力,我国需在教育的国际交流与合作中融入实证调查研究,整合知识、理念与主张,构建数据库、资源库及知识库等新型国际平台,发挥政治领导力与专业领导力。

第二,加大各级各类学校改革力度。建设教育强国,必须加快建设高质量教育体系,加大各级各类学校改革力度。要提高义务教育发展重心,建议逐步从九年义务教育延长至十年义务教育,在巩固提高九年义务教育水平的同时,用五年左右的时间,实施巩固提高高中阶段教育普及率、高中阶段免费教育、高中阶段义务教育的"普及、免费、义务"三步走战略。探索试点"五三二"学制,即小学5年、初中3年、高中2年,也可以中学不分段,全面推动中学教育的综合化、多样化、特色化发展，将普职分流推迟到高中之后。在高等教育领域，大学可以分成两类，一是学术类，二是职业类。不同高校可以通过经济杠杆去调整，学术类大学继续收费；职业类大学与产业高度结合，通过与企业联合、工作的方式，让学生免费入学，同时不同类型高校之间实现"立交桥"式联通，实现学分认定或者转化，满足每一个学生接受高等教育的需求。现阶段，我国经济社会发展已经对技能型人才素质提出了更高要求，世界发达国家职业教育"普职"分流的重心都逐步从初中后向高中后演变。为适应我国产业升级和结构调整对高技能人才的迫切需求，亟须提升我国职业教育培养层次，扩大职业本科招生比例，逐步建立以本科职业教育为主体的现代职业教育体系；取消文理分科，提高高等教育发展重心。完善高等教育发展结构，扩大本科和研究生占比。在巩固本科教育主体地位的同时，进一步扩大研究生招生规模。

到 2035 年，将硕士、博士入学人数占高等教育总人数的比例分别提高到 18% 和 3%。硕士阶段重点增加专业硕士招生，丰富硕士、博士阶段教育类型（学制），适度扩大博士阶段招生规模，重点加大对国家重大战略、关键领域和社会重大需求领域的博士招生名额支持。同时，应将高等教育中属于应用技术类的地方普通本科院校和学术类高等学校进行重新定义和区分，使其各有侧重且适合不同类型的学生，并且畅通、扩建高等教育阶段的普职转换"立交桥"。

第三，构建拔尖创新人才选拔、培养体系。建立健全拔尖创新人才培养的"科学选拔、贯通衔接、系统培养、共育共享"全链条培养机制，以教育评价制度改革为突破口，加快构建拔尖创新人才"选拔—培养—评价"一体化贯通的制度及机制。其中，关键是要进一步发挥高水平高校的主力军作用，探索基础学科拔尖创新人才单独评价及选拔模式，为学有专长的学生乃至偏科生开辟特殊通道。健全创新素养和创新能力培养生态链，支持大学与中学合作开设各种特色班，大力培养广大青少年的探究兴趣和学科特长，深入做好拔尖创新人才的早期发现与培养工作。

第四，深入推进全民阅读和书香校园建设。在所有领域的教育改革中，培养学生的阅读兴趣、能力、习惯，毫无疑问是最重要最本质的一件事情。要进一步加强阅读与写作教学，尤其是推进全学科阅读，发展学生的独立思考能力。在此基础上，统筹各级各类优质教育资源，满足不同潜质学生的发展需要，着力构建起大中小贯通、科教一体、政校企社协同共育的高水平拔尖创新人才培养体系。

第五，积极建设高质量教师队伍。习近平总书记在重要讲话中强调，强教必先强师。要把加强教师队伍建设作为建设教育强国最重要的基础工程来抓。要加快高质量教师教育体系建设，全面提升增量师资综合素质能力水平，重点提升存量师资的教书育人水平、学生综合素质发展评价指导能力、课程资源驾驭开发能力、科学人文素养和信息化素养。同时，需要提升中小学教师学历水平，到2035年要使具有硕士、博士学历的师资达到相当占比，并加快教育人事制度改革，完善中小学教师资格认定和招录制度，改革高等学校、职业院校教师人事制度。在基础教育领域，需要深化中小学教研体系建设，促进中小学教师专业发展；研究探索数字化时代"人机共教"的新模式，建立"能者为师"的新机制，以习近平新时代中国特色社会主义理论和社会主义核心价值观为指导，赋予尊师重教风尚和师德师风以时代内涵，弘扬教师精神，深化教育家办学制度创新。

（三）教育强国建设的组织保障

要形成坚实有力的教育保障机制，完全建立现代化教育体系，我国应当在学前教育、中小学基础教育、高等教育、职业教育等不同教育类型内部和各类型之间建立良好的组织保障，在坚持多元办学体制的前提下，加强各教育部门改革举措之间的政策配套，并明晰评价与问责机构及人员，在教育管理中处理好政府、社会与学校三者的关系，集中力量提升合作效益。例如，在职业教育领域内坚持产教融合，使产业与学校教育形成良好的联动关系；

发挥职业教育领域部门联席会议的作用，避免多头分散管理；在不同教育类型间建立良好的融通立交桥，使每一位受教育者能够充分发挥自身优势与潜能，实现教育功能最优化。

结　语

改革开放以来，中国教育发生了深层次和根本性的变化，随着 2019 年《中国教育现代化 2035》的发布，教育强国成为新时代中国教育现代化建设的必然目标，教育改革也从广度逐渐向深度迈进，人才核心素养的培养与提升成为高质量教育体系建设的新目标。这一宏大的建设工程，需要在法律制度框架下开展，提前做好规划部署，及时进行评估反馈，各教育部门、劳动部门等相关机构需加强合作沟通，各教育类型间需增强融通性，为之提供制度和组织保障。

一个坚实的教育强国，需能从容应对日新月异的科技革新，需能以全球化视角对教育体系进行布局。要使人才强国、科技强国并举,应当从基础教育阶段开始重视学生创新能力、信息素养等核心素养的培养与发展,注重课程改革与质量评估,在高等教育阶段重视科研人才的培养,以前沿科研成果提升国际竞争力。这一建设目标的实现,将使我国在充分自信、自强的基础上,参与国际交流与合作,本着共商、共建、共享的原则,引领国际教育发展趋势,实现中国大国崛起的责任与担当。

参考文献

1. 褚宏启.何谓"教育强国"[J].中小学管理,2023（7）.

2. 怀进鹏.新时代加快建设教育强国的重大战略意义[J].新教育,2023（4）.

3. 马晓强,崔吉芳,万歆,马筱琼,刘大伟,何春,车明佳,王重.建设教育强国:世界中的中国[J].教育研究,2023（2）.

4. 王洪川,胡鞍钢.建设教育强国的战略趋势与路径选择——基于第七次全国人口普查数据的分析[J].教育研究,2021(11).

5. 张志勇.深刻把握党的二十大关于教育的新战略新部署新要求[J].中国基础教育,2023(1).

6. 朱永新,褚宏启.发现和培养拔尖创新人才研究[J].宁波大学学报(教育科学版),2021(6).

7. 朱永新.家校合作激活教育磁场——新教育实验"家校合作共育"的理论与实践[J].教育研究,2017(11).

8. 朱永新,汪敏.教育如何不再培养精致的利己主义者——公共品格教育的逻辑向度与实践进路[J].教育研究,2020(2).

9. 朱永新.教育要积极应对中国式现代化战略需求[N].中国教育报,2022-10-27.

10. 朱永新.课程改革的"减法"逻辑[J].课程·教材·教法,2023(4).

11. 朱永新,杨帆.我国教育数字化转型的现实逻辑、应用场景与治理路径[J].中国电化教育,2023(1).

12. 朱永新.新教育实验二十年:回顾、总结与展望

[J].华东师范大学学报(教育科学版),2021(11).

(本文原载于《中国远程教育》2023年第10期,《新华文摘》2024年第1期转载)

教研制度:强国建设的教育基石[*]

---

[*] 本文基于全国政协"中小学教研体系建设"专题调研组2023年的调研结果。

教研制度是中国特色的教学管理和教学质量保障制度，它体现了"相观而善"的中国教育文化传统，顺应了教育人口众多的基本国情，是中小学课程教学改革的重要支撑力量，是中国特色教师教育体系的重要组成部分，也是中国特色社会主义制度优势的集中体现。教研队伍是教师的教师，教研体系是教育决策和教育实践的智囊参谋。建设更高水平的中小学教研体系，是实现党的二十大报告提出的"加快建设教育强国、科技强国、人才强国"要求的现实路径，是高质量基础教育体系建设的必要支撑。

在2023年全国两会上，民进中央关于"加强基础教育教研工作,服务教育高质量发展"的提案,受到全国政协和教育部的高度重视。全国政协调研组和民进中央教育委员会先后在广东、山东、海南等地开展深入调研,并召开以"中小学教研体系建设"为主题的双周协商座谈会。本文结合我的调研与思考,试析我国教研制度的特点与优势、存在的问题与挑战,并提出当前中小学教研体系进一步完善和转型的对策建议。

一、教研制度的产生与发展

教研制度伴随着20世纪初我国现代学校制度的建立而产生。面对私塾变学堂、塾师转教师和新学校的大量建立,那些原来以教读"三百千"和儒家经典为生的教师无法适应科学、算术、地理、图画、体操等新的教学内容,正如有研究指出的:这是小学教育的草创时期,完全没有什么根基,学生是年幼的"童生",教师是年长的"秀才",课程则是注重读经、策论等"科举的遗传",根本不能够算是"国民教育"。在这样的背景下,"一种扎根于中小学并且旨在改进和提高在职教师教育教学水平的教研组织随之萌发和建立"[①]。其中,既有以严修、张伯苓、江苏教育总会等民间设立的普通学社、师范补习所、教员研究所、单级教练练习所等,也有京师学务局、直隶提学使等官方开设的夜班师范传习所、私塾观摩会等。"这些组织机构脚踏实地开展了一些致力于教师专业化、教育现代化的活动,如现代科学和教育理论的传授,新式教学方法的演示、推广,以及教师间教学的相互切磋、观摩会课、批评会等活动。"[②] 这些虽然还不是完全意义上的现代教研组织和教研活动,但在内容、形式和组织体系方面,与现代教研制度已经非常接近了。

民国时期,教育行政部门先后出台《小学规程》和《中学规程》,明确要求中小学成立教育研究会、学科教学研究会,以法规形式推进教研机构的建立。以中心学校为核心的校际教研和区域教研

---

①② 引自胡艳的《中国中小学教研组百年史论》。

逐步推开,类似今天教研员的"视导员"制度[1]也正式建立。

中华人民共和国成立70多年来,教研历经了"从草根经验上升至制度性安排、从全面认可演变为质疑不断、从日渐衰落走向转型发展的演化过程"[2]。中华人民共和国成立之初,在学习老解放区开展教师集体学习制度、吸收旧教育的教研经验和借鉴苏联教研制度[3]基础上,教育部先后颁布《中学暂行规程(草案)》和《小学暂行规程(草案)》等文件,要求中学以学科为单位设立教研组,小学设立教导研究会,教研机构开始成为学校组织构架的重要组成部分。

与此同时,各地教育局也先后成立了教研机构。1955年11月,教育部的机关刊物《人民教育》发

---

[1] 1937年民国政府教育部颁布的《省市义务教育视导员规程》明确指出,视导员的任务之一,就是"教师工作之考察及指导"。
[2] 引自刘月霞的《追根溯源:"教研"源于中国本土实践》。
[3] 中华人民共和国的教研制度在学习借鉴苏联经验时,最早在中国人民大学、哈尔滨工业大学、北京师范大学等建立了学科教研组。

教研制度：
强国建设的教育基石

表了评论文章《各省市教育厅局必须加强教学研究工作》，要求在各级教育行政部门设置教学研究室，"使它成为厅、局长领导教学的一个有力助手"，同时明确了教研机构的三项基本职能：了解教学情况，检查教学质量；搜集、研究、总结和推广教学经验；组织和领导教学研究会。1957年，教育部在借鉴苏联经验基础上，制定颁布了《中学教学研究组工作条例（草案）》，对学校开展教学研究进行了规范，推进了中小学教研工作的常态化、规范化和制度化。

"文化大革命"十年，教研机构处于瘫痪状态。改革开放后，教研机构逐步恢复活动。1990年6月，国家教委颁布《关于改进和加强教学研究室工作的若干意见》，对教研室的性质、职能、任务，教研人员的待遇、经费、工作制度等作出了明确规定，提出"教研室是地方教育行政部门设置的承担中小学教学研究和学科教学业务管理的事业机构"，要求各地建立省、地（市）、县（区）三级区域教研室，国家教委基础教育司负责指导。教研室的主要职责包括研究教育思想、教学理论、课程设置、教学内容、教学方法和教学评价等，为教育决策提供依据，编写乡土教材和补充教材，总结推广教学经验，组织教育改革实验，提高教师业务水平，开展学科教学检查和质量评估，研究考试方法的改革等。

进入新时代，中共中央、国务院在2019年2月印发《中国教育现代化2035》，明确要求"完善各级各类学校教研制度，发挥教学名师的示范带动作用。建立健全教师专业化发展的激励机制，推动教师终身学习和专业自主发展"。同年11月，教育部出台《关于加强和改进新时代基础教育教研工作的意见》，对明确教研工作的指导思想、主要任务，完善教研工作体系，深化教研工作改革，加强教研队伍建设，完善保障机制等提出了全面系统要求。文件首次提出了国家、省、市、县、校五级教研工作体系，明确教育部基础教育课程教材发展中心负责指导各地教研工作。

2023年，教育部接连印发《基础教育课程教学改革深化行动方案》和《关于实施新时代基础教育扩优提质行动计划的意见》，再次对发挥好教研作用提出了明确要求和具体举措。同年 8 月，教育部召开全国基础教育教研工作会议，分析研判了教研工作面临的新形势新要求，明确了教研工作今后一段时间的重点任务。9 月 22 日，以"中小学教研体系建设"为主题的全国政协第十次双周协商座谈会召开，中共中央政治局常委、全国政协主席王沪宁在会上明确提出：要聚焦中小学教研体系建设中的重点难点问题开展协商议政，助推中小学教研工作更好落实立德树人根本任务，助推中小学教研质量不断提升，助推中小学教研工作改革不断深化，助推建设高素质专业化的中小学教研队伍，助推完善中小学教研保障机制。这是全国政协首次专题研究中小学教研工作，对进一步完善教研体系具有非常重要的意义。

二、教研制度的特点与优势

我国自建立教研体系以来，各级教研机构和广大教研员在推动全面提升教育教学质量、服务教育改革发展中发挥了不可替代的作用，为我国实现全球最大规模的基础教育教学质量提升,完成从人口大国向人力资源大国的历史性转变作出了不可磨灭的贡献。近年来,由于我国在国际学生评估项目(PISA)测试中成绩保持世界领先水平,我国教研体系被国际教育界誉为"中国教育的秘密武器"[①]。

(一)教研制度体现了"相观而善"的中国传统教育文化

相关研究在分析我国教研制度独特性时特别强调,"就中国来说,我们许多解决问题的方法,与其他社会很不一样。在方法的背后,是另一种文化难以理解的、更加根本的角度、信念、准则、价值、假设,是文化框架的差异"[②]。从文化的层面来

---

① 程介明在文中提到,"中国教师经常地、有组织地进行专业的研讨与提高,也是其他国家难以比拟的……这与许多地方的教师,需要个人应付多个课程、课时繁重,不可同日而语。同样,我们自己习以为常的,在别的国家很难实现"。参见程介明:《上海的PISA测试全球第一到底说明了什么》,《探索与争鸣》,2014年第1期。
② 引自程介明的《教研:中国教育的宝藏》。

考察我国的教研制度，我们就会发现，中华优秀传统文化和教育传统，孕育和滋养了教研制度的文化基因，特别重视向他人学习。《诗经》《论语》《学记》等教育典籍蕴含的切磋琢磨、择善而从、相观而善、见贤思齐等意涵，正是这个文化基因的具体体现。[①] 自新民主主义革命时期、社会主义建设时期直到今天，中国共产党领导的人民教育很好地继承了这个基因。这个基因，与当下正在推进的"教师共同体"建设，有着非常契合的共性，代表着教师职业认同与专业发展的重要方向。

（二）教研制度顺应了我国教育人口众多的基本国情

中华人民共和国成立后，我国从经济文化落后的人口大国基本国情出发，向工农敞开教育之门，

[①] 《学记》中的"大学之法：禁于未发之谓豫；当其可之谓时；不陵节而施之谓孙；相观而善之谓摩。此四者，教之所由兴也"，把互相观摩学习、取长补短作为教学活动成功的前提条件，同时提出"独学而无友，则孤陋而寡闻"，将其视为教育失败的六大原因之一。

确立了"教育为工农服务,为生产建设服务"的教育方针。为了尽快扫除文盲,普及教育,提高各级各类学校教师的总体水平,1955年,教育部要求"设立设置教学研究室"。20世纪初,我国本土的教研制度诞生时期,各类新式学堂共有52500所,学生1284965人。时代的巨轮走到今天,我国的人口和在校生都有了更大的增长。[①]面对1610.7万名基础教育阶段的教师,迫切需要一支数量充足、质量优良的教研队伍,才能保证基础教育的品质。从目前的情况来看,截至2023年,全国31个省份和新疆生产建设兵团与中小学教研工作相关的教学研究、教育研究、教师研训等机构共约7200个,事业编制22.4万人,其中专职教研员队伍约6万人,

---

① 教育部发布的《2022年全国教育事业发展统计公报》数据显示,全国共有各级各类学校51.85万所,各级各类学历教育在校生2.93亿人,专任教师1880.36万人。其中,义务教育阶段学校20.16万所,在校生1.59亿人,专任教师达1065.46万人。

兼职教研员约 7 万人。[①] 另外，教育国情调查中心调研发现，我国教研员队伍中，省、市、县级教研员分别占 5.37%、24.62%、67.92%。[②] 县级教研员是全国教研队伍的主体力量，适应了我国幅员辽阔、人口集中在县级及以下，农村教师更加需要参加各种教研培训活动和提升教育教学水平的现状。

（三）教研制度是我国课程教学改革的重要支撑力量

适应人类社会科学技术的快速发展，十年一个周期的课程改革成为世界各国教育改革的通用做法。中华人民共和国成立以来，我国基础教育经历多次课程改革。每次课程改革中，教研机构都承担

---

① 数据来自全国政协教科卫体委员会办公室编的《政协第十四届全国委员会第十次双周协商座谈会有关单位情况介绍材料》（2023 年 9 月）。其中，中央机构编制委员会办公室的《中央编办相关情况介绍》中关于专职教研员的数据是 8 万人，比教育部的数据多了 2 万人。

② 此数据系北京师范大学教育国情调查中心进行的抽样调查结果，未进行最后的结果效验。

着研究和指导课程实施的重要工作，教育部也将教研组织确定为课程改革的支撑力量，要求各中小学教研机构要把基础教育课程改革作为中心工作，充分发挥教学研究、指导和服务等作用。进入21世纪，我国基础教育课程改革已经进行了两轮，每次都是教研先行，教研员带领广大一线学科教师学习课程方案和课程标准，探索新课程落地的路径和方法，对新课程的顺利实施起到了重要作用。调研表明，每年教研员解读课程标准平均次数为4.26次、教材分析平均次数为3.68次、指导课堂教学平均次数为6.78次。① 可以说，"发挥教研支撑作用"成为我国历次课程改革的秘密武器。

（四）教研制度是中国特色教师教育体系的重要组成部分

习近平总书记强调，强教必先强师。要把加强

---

① 此数据系北京师范大学教育国情调查中心进行的抽样调查结果，未进行最后的结果效验。

教研制度：
强国建设的教育基石

教师队伍建设作为建设教育强国最重要的基础工作来抓，健全中国特色教师教育体系。经过改革开放以来 40 多年的不懈探索，我国形成了"以师范院校为主体、高水平综合大学参与、教师发展机构为纽带、优质中小学为实践基地的开放、协同、联动的现代教师教育体系"。其中，教研机构是中国特色教师教育体系的重要组成部分。各地教研机构根据教师发展的实际需求，以名师工作坊、师徒结对、研讨会、公开课、讲座以及制度化的校本教研等丰富多彩的形式，对教师开展分类分科分层系统培训，充分发挥了对教师终身专业发展的支持作用。调研发现，教师每年参加省、市、县级教研员组织的教研活动平均次数分别为 1.58 次、2.01 次和 2.71 次。[①] 程介明认为，教研的"研"，是其他国家所没有的重要特征。因为这个"研"字，包含了探索向前的隐义，"是把教师放在教学向前发展的探索者地位，而不是纯粹的被动接受新知识、

---

① 数据来自 2023 年全国政协调研组调研结果。

新技巧","教师参加专业进修,是被动的接受者,还是专业的发展者,是一个关键性的区别"。他把"研"分为上游的"研"和下游的"研",上游的"研",主要形态是在学报发表文章,以取得同行的认可和注意,最终成为成熟的理论。下游的"研",主要形态是在实践中的经验总结与创新,并有可能在同行中观摩传播;而传播的方式,发表文章只是其中一种,且不可能成为主要的方式。"中国的教研体系,其实是一种经过考验的可行的教育下游研究的模式。"正是这种下游的"研",对于一线教师的成长具有特别重要的价值。

长期以来,困扰西方教育界的一个重要问题就是在教育理论与一线教师之间有着巨大鸿沟。虽然教育学者有着丰富的教育研究成果,但是无法落到教育实践中去。教育理论只有被一线教师理解、接受、实践,才能变成现实的生产力。2022年,我有幸获得全球最大教育奖项"一丹教育发展奖",其中一个重要的原因,就是新教育实验找到了教育理论与一线教师之间的桥梁,通过专业阅读、专业写作和专业交往，让一线教师掌握和运用教育理论。我国的教研制度，正是由一群教育理论基础相对较好、终身学习能力相对较强的"教师的教师"，通过教研的桥梁，把先进的教育理念和教育理论，带给一线的普通教师，帮助他们保证了教学活动的基本水平。从这个意义上讲，教研制度是我国教师成长的最重要路径之一。

（五）教研制度是中国特色社会主义制度优势的集中体现

中国特色社会主义制度是党和人民在长期实践探索中形成的科学制度体系，具有一系列显著优势。其中一个重要方面就是具有很强的组织动员能力、统筹协调能力、贯彻执行能力，能够充分发挥集中力量办大事的独特优势。教研制度是中国特色社会主义教育制度的重要组成部分，这一制度植根于国家实施面向所有人的统一的基础教育制度，包括统一的课程方案和课程标准、统一的教材、统一的质量监测体系，等等。五级教研形成了广泛覆盖、上下联动、运行高效的教研制度以及相应的组织和工作体系，保障了我国教育公平而有质量的持续发展。

三、教研制度的问题与困难

经过多年努力，我国的教研体系建设取得了显著成效，"有体系、有人干、有作为"是对教研工作基本格局的总体概括；但同时，各地工作仍然很不平衡，许多部署和要求还没有完全落地见效，还存在着一些问题与薄弱环节。

一是五级教研体系缺少顶层指导。2019年，教育部在《关于加强和改进新时代基础教育教研工作的意见》中明确提出了国家、省、市、县、校五级教研工作体系，并且明确教育部基础教育课程教材发展中心负责指导各地教研工作，同时指出"上级教研机构要加强对下级教研机构的业务指导"。但是，文件的精神没有得到真正的落实。长期以来，基础教育课程教材发展中心的主要任务是推进课程改革和教材编写，并没有非常好地履行教研体系的顶端领导与协调作用，既没有一个"国家教学研究中心（室）"的正式机构，也没有一个开展工作的平台，这导致各省教研机构群龙无首、各自为战，在资源开发与共享方面缺少统筹安排。

二是部分地区教研工作有弱化现象。《中国教育现代化2035》在夯实教师专业发展体系部分提出，要健全省、市、县教师发展机构和专业培训者队伍，"依托现有资源推进县级教师发展机构建设与改革，实现培训、教研、电教、科研部门有机整合"。应该说，对于县级教研部门来说，这样的整合是有利于教研事业发展的，但是它在执行过程中却常常产生偏差；同时，县以上的许多省市也纷纷把原本独立设置的教研机构并入以科研为主体的教育科学研究院或者以教师培训为主体的教师发展中心及教育学院[①]，使它成为其中一个职能部门，这在一定程度上也削弱了教研工作。

三是教研工作保障机制不够健全。教研工作保障机制不够健全主要表现在四个方面。首先，不能按照要求配齐所有学科专职教研员。据调查，全国县级教研机构在编专职教研员和县的学科教师比例为1∶288，市县教研机构平均人数为18人，有的县教研机构只有2名教研员，根本无法满足音乐、美术、科学、体育等学科教研的需要，更远远不能够满足国家关于分学段分学科配齐教研员的要求。[②]例如，据统计，如果要保障某市全市各学科教研工作高质量开展，至少需要补充三分之一左右的教研员。其次，教研工作经费短缺。调查显示，某省全

[①] 据中央编办介绍，目前各省机构中含有教学研究（教研）的有内蒙古、浙江、安徽等8个省份，含有教育科学研究的有北京、天津、河北、江苏等20个省份和地区，含有教育学院、教师教育学院、教师发展学院的有上海、辽宁、黑龙江、吉林等地。在全国293个地级市、2844个县级行政区，单独称教研室、教研中心的只有689家机构。

[②] 数据来自2023年全国政协调研组调研结果。

省有 28 个县区教研机构财政拨款比上年减少,许多县区教研机构 95% 的经费用于保工资、保运转,真正用于教研的经费非常少。① 再次,教研员专业发展和激励机制不健全。教研员的身份既不是教师也不是干部,经常陷入"收入水平不如一线,评优评先不算一线"的尴尬局面。各类评选指标一般都是针对教师,几乎没有针对教研员的评优评先,教育系统的各种综合荣誉也几乎与教研员无关。最后,职称结构不合理。教研员往往是从优秀教师中选拔出来的,由于名额和比例的限制,如果原来不具备高级教师或者特级教师职称,往往会出现"高级职称评定难,正高职称难上难"的情况。② 因此,由于保障机制不健全,教研工作对于优秀教师往往缺乏吸引力。

四是农村教研体系有待进一步完善。在我国,

---

① 数据来自 2023 年全国政协调研组调研结果。
② 政策规定,中小学教师高、中、初职称比例,市地为 3∶4∶3,县区为 2∶4∶4,不符合教研员队伍的实际情况。

县级教研机构承担着全县范围内所有学校的教研指导职责，但是由于农村学校比较分散、规模较小，教师数量少、学科教师配备不齐，教研活动难以正常有效开展；而县级教研机构整合后工作任务重、人员配置不足，又很难覆盖到位。调研发现，某县有教研员编制50个，实际在岗仅40人，其中有12人被教育局等行政部门借调，现有人员要指导全县190多所学校和8000多名专任教师，实属力不从心。[①] 在这种情况下，多数农村学校的教研工作经常以分工抄写教案为主，完全是为了应付各种检查和考核，教师"不懂、不管、不会、不愿"教研的现象在农村地区比较普遍。

五是社会力量参与教研工作不够。教研工作涉及3亿多家庭、2亿多中小学生、1600万左右的基础教育阶段教师。教研不仅仅是学校的事，也是全社会的事。高等院校、科研院所、公益性教育组织、教育科技企业，在学科、科研、人才、资金、

---

① 数据来自2023年全国政协调研组调研结果。

教研制度：
强国建设的教育基石

平台等方面拥有诸多资源；民间的优秀教育研究成果，也是服务基础教育高质量发展的重要力量，是中小学教研体系建设不可或缺的参与者。但在实际工作中，教研队伍更多的是孤军奋战，在自己的"小圈子"里开展工作，"社会力量参与中小学教研工作缺乏相应的政策引导、工作机制和条件保障，因信息不对称而具有机缘性特点，组织化程度不高，可持续性不强"[①]。

六是教研转型和创新发展任务艰巨。传统的教研往往是以学科考试和分数为中心，以教师教学为中心，以知识技能学习为中心，以学校生活为中心，很少考虑学生的学习需要和社会生活对人的素养要求。目前，基础教育已经进入以内涵发展、质量提升为中心的新阶段，王嘉毅在《教育部相关工作情况介绍》中说："教研工作的重要性和挑战性比历史上任何时候都更加凸显，但部分教研机构在职能定位、教育理念、教研方式等方面不能适应

---

① 引自王成斌的《引导支持社会力量参与中小学教研工作》。

新形势新要求。"这就要求深化教研工作改革，加快教研转型，围绕如何突出德育实效、提升智育水平、强化体育锻炼、增强美育熏陶、加强劳动教育，如何强化学科整体育人，如何引导师生关心社会与世界的变化等一系列问题提前作好准备。

四、教研制度的转型与完善

随着基础教育改革发展进入新时代，教研工作的任务与方式也发生了许多新的变化，党的二十大对教育工作的新部署新要求，对教研工作来说既是重大挑战，又是转型提质发展的重要机遇。习近平总书记曾指出："我们的教育改革要坚持文化自信，好的经验要坚持，不足的要补齐。"在长期思考和此次全国政协组调研的基础上，我认为，要完善我国教研制度，推动传统教研向现代教研转变，应着重处理好以下八种关系。

一是中央和地方的关系。目前，国家、省、市、县、校五级教研工作体系的联系不够通畅。国家层

教研制度：
强国建设的教育基石

面已经建立了智慧教育平台，其中丰富的课程对教育教学是有益的指导和有效的参照。我们的教研体系需要帮助智慧教育平台继续丰富、完善、更新和提升，提升课程的研发力量。现在的基础教育课程教材发展中心虽然具有指导职能，但是并不领导各地教研工作，"中央厨房"的供给不足。我建议，在教育部课程教材研究所加挂国家教研室牌子；支持省、市、县（市区）独立设置各级教研机构；在综合性的教育科研机构和教育学院等单位，加挂教研室的牌子。要建立起流畅贯通的五级教研工作体系，使其发挥各自不同的功能，就需要更好地处理中央和地方的关系。

二是官方和民间的关系。过去支撑整个教研工作的是教育行政部门组建的体系，民间力量发挥的作用有限，而现在民间的智慧和创造发挥了越来越多的作用。如何将民间独特的创造、高品质的成果推广开，并与官方的体系交融互动起来，发挥合力，需要研究建立相关的机制。当前，尤其要高度重视高等学校和民间教育团体、机构在促进教师专业发展、深化课程教学改革中的重要作用，加快建立以国家、省、市、县（市区）四级教研机构为主体，以高等学校和民间教育机构、教育团体为两翼，以学校校本教研为平台的开放融合的中国特色教研新体系。

三是专职和兼职的关系。日前，专兼职教研员之间存在体制割裂的问题，优秀教师不愿做教研员，某些地方甚至从新毕业大学生中选聘教研员。我建议把教师身份还给教研员，而且严格从一线优秀教师中遴选教研员，采取灵活机制（任期制），实现专兼结合、进出两便，确保最优秀的教师做教研员。这就需要国家出台教研员专业标准，健全专兼职教研员配备、使用和管理制度。在这个前提下，出台国家、省、市、县（市区）教研机构编制标准，确保各级教研机构配齐配足各学段、各学科教研员。

四是研"考"和研"学"的关系。过去评价教研工作多是以考试成绩来判断。而成绩虽是考核的一个方面，但并不是教研工作追求的最高目标。教研的最高目标应是促进人的全面发展，让师生过幸福完整的生活。目前，教研多在研究课程、研究教法，对学生和教师这两个主体的研究不够。应明确教研工作的职能定位，坚决纠正"窄化""泛化"并存的局面，推动教研工作从研"考"转向研"学"、研"教"，研究学生的健康成长和教师的专业成长，带动学科教师以"研究性教学"支撑学生的"研究性学习"。

五是单一和融合的关系。从单一到融合，是教研工作现代化转型升级的核心内容之一。传统教研体系以研究不同学段和学科的教育教学为主，其中设有语文教研员、数学教研员，甚至于细化到音乐和美术教研员，但是项目学习兴起以后，中小学的学科教学越来越强调综合、融合，这是育人方式变革的核心部分，是以培养核心素养为目标的现代教育发展的基本方向。而综合性的项目制学习、融合性学习、合作式学习，需要教研员把学科之间的内在逻辑研究清楚，突破单科界限，运用多学科融合解决教学难题；突破学生发展瓶颈和局限，实现学生全面发展和核心素养的提升。

六是科研和教研的关系。没有真正意义上的科研，就没有真正意义上的教研。现代教研体系的完善，离不开教研员的科研素养提升。对教师，我们强调专业阅读、专业写作、专业交往。专业阅读是教师成长不可或缺的基础，因为个人经验总是十分有限的，只有大量的阅读才能超越前人。专业写作也同样重要，真正的阅读、思考是从写作开始的。不读书、不写作是无法成为一个好的教研员的。专业交往则不同于一般意义上的社会交往，它是在专业水平上的交往，是带有探究性的业务交流、比较借鉴、反思探究、改进提升，是教师职业生涯发展、专业能力提升的重要高级阶段。

七是知识和技术的关系。科技更新越来越快，不断迭代的技术驱动着教育教学内容和形态的不断演进。究竟人工智能给教育带来多大的挑战，我们还难以想象。今天我们还在讲教研体系的改进和完善，也许明天人工智能就解决了困扰我们的问题；当今社会还在追求一纸文凭，也许有一天它也会被取代。要尽早地前瞻、研究人工智能和教育数字化赋能基础教育教研体系建设的新路径，让科技更好助力教育发展。要采取必要措施，确保知识的更新和技术的进步首先为教研员所掌握，甚至首先从教研工作开始。我建议加快人工智能背景下教研组织优化和教研模式变革；利用数字化、网络化、智能化技术手段变革教研系统和教研流程，构建智慧教研环境，开展跨区域、跨层级教研。

八是待遇和出路的关系。待遇和出路问题与前述专兼职问题有联系。如果专职和兼职的关系处理得好，那么教研员待遇、职称和出路的问题就可以迎刃而解。不仅如此，还应建立荣誉、表彰和奖励机制，对作出突出贡献的教研员予以表彰奖励。要强化教研经费保障，将国家、省、市、县（市区）教研工作经费列入各级政府财政预算，学校校本教研经费在学校公用经费中列支。

新时代赋予我们新的任务和使命，加快推进中国式教育现代化，建设高质量教育体系，办好人民满意的教育，需要中小学教研体系加快转型与创新步伐，探索更多新的可能，建设更有效的体制机制，释放更多优势潜能，引领教育教学改革不断创新，破解教育高质量发展的突出问题，为建设教育强国作出新的更大的贡献。

（本文的撰写得到全国政协教科卫体委员会办公室、民进中央参政议政部、北京师范大学国家高端智库教育国情调查中心张志勇教授等人的帮助，特此致谢。）

参考文献

1. 庄俞，贺圣鼎.最近三十五年之中国教育［M］.上海：商务印书馆，1931.

2. 胡艳.中国中小学教研组百年史论［M］.北京：人民教育出版社，2023.

3. 宋恩荣，章咸.中华民国教育法规选编［M］.南京：江苏教育出版社，2005.

4. 刘月霞.追根溯源："教研"源于中国本土实践［J］.华东师范大学学报（教育科学版），2021（5）.

5. 佚名.各省市教育厅局必须加强教学研究工作［J］.人民教育，1955（11）.

6. 何东昌.中华人民共和国重要教育文献（1976～1990）［M］.海口：海南出版社，1998.

7. 王嘉毅.教育部相关工作情况介绍［R］.北京：全国政协教科卫体委员会办公室，2023.

8. 全国政协召开双周协商座谈会　围绕"中小学教研体系建设"协商议政［N］.中国教育报，2023-09-23.

9. 程介明.教研：中国教育的宝藏［J］.华东师范大学学报（教育科学版），2021（5）.

10. 朱永新.新教育实验二十年：回顾、总结与展望［J］.华东师范大学学报（教育科学版），2021（11）.

11. 金林祥.20世纪中国教育学科的发展与反思［M］.上海：上海教育出版社，2000.

12. 梁威，卢立涛.中国特色基础教育教研制度特点评析［J］.中国民族教育，2017（6）.

13. 习近平.扎实推动教育强国建设［J］.求是，2023（18）.

14. ZhuYongsin.New Education Initiative

Promotes Lifelong Learning[N].*China Daily*(HongKong),2023-07-03.

15. 朱英杰.教研员队伍：有限的资源还要用好[N].人民政协报,2023-09-27.

16. 蓝绍敏.强化督导评估　完善教研队伍保障机制[N].人民政协报,2023-09-27.

17. 潘惠丽.发挥县域教研中坚作用　完善农村教研体系[N].人民政协报,2023-09-27.

18. 贺春兰.新时代亟需中小学教研员队伍发挥大作用[N].人民政协报,2023-09-27.

19. 王成斌.引导支持社会力量参与中小学教研工作[N].人民政协报,2023-09-27.

20. 全面贯彻落实党的教育方针　努力把我国基础教育越办越好[N].人民日报,2016-09-10.

（本文原载于《教育研究》2024年第1期）

深化教育改革与发展新质生产力

新质生产力是习近平总书记统筹中华民族伟大复兴战略全局和世界百年未有之大变局，准确洞察和把握世界科技和经济发展趋势，创造性提出的重大论断。习近平总书记在多次讲话中系统阐明了新质生产力的丰富内涵、核心要义、实践路径和科学方法论，深刻回答了"什么是新质生产力""为什么要发展新质生产力""怎样发展新质生产力"等重大理论和实践问题。新质生产力理论是习近平经济思想的最新成果，对新时代新征程推动高质量发展、推进中国式现代化具有重大现实意义和深远历史意义。

教育改革与发展新质生产力共生共长。教育与新质生产力具有密不可分的关系,是新质生产力形成和发展最重要的基础,教育发展水平直接制约着新质生产力发展的水平,而新质生产力的发展也会进一步倒逼和推进教育改革。如何深化教育改革,更好地适应和推动新质生产力的发展,是中国教育面临的重要课题。

一、新质生产力提出的时代背景

2023年9月,习近平总书记在黑龙江考察期间首次提出了"新质生产力"概念。此后,在多个重要场合密集地作了深入论述。

一是提出加快形成新质生产力。2023年9月7日,习近平总书记在新时代推动东北全面振兴座谈会上首次提出新质生产力,强调要积极培育新能源、新材料、先进制造、电子信息等战略性新兴产业,积极培育未来产业,加快形成新质生产力,增强发展新动能。9月8日,总书记在听取黑龙江省委和省政府工作汇报时再次强调,"整合科技创新资源，引领发展战略性新兴产业和未来产业，加快形成新质生产力"。

二是部署和阐述发展新质生产力。2023年12月11日至12日，习近平总书记在中央经济工作会议上部署发展新质生产力，强调"深化供给侧结构性改革"，核心是"以科技创新推动产业创新，特别是以颠覆性技术和前沿技术催生新产业、新模式、新动能，发展新质生产力"。2024年1月31日，总书记在主持二十届中央政治局第十一次集体学习时对新质生产力进行系统阐述，并作了明确界定，"新质生产力是创新起主导作用，摆脱传统经济增长方式、生产力发展路径，具有高科技、高效能、高质量特征，符合新发展理念的先进生产力质态。它由技术革命性突破、生产要素创新性配置、产业深度转型升级而催生，以劳动者、劳动资料、劳动对象及其优化组合的跃升为基本内涵，以全要素生产率大幅提升为核心标志，特点是创新，关键在质优，本质是先进生产力"，并且强调"发展新质生产力是推动高质量发展的内在要求和重要着力点"，

"必须继续做好创新这篇大文章,推动新质生产力加快发展"。

三是推动发展新质生产力。2024年1月19日,习近平总书记在"国家工程师奖"首次评选表彰之际作出重要指示强调,"希望全国广大工程技术人员坚定科技报国、为民造福理想,勇于突破关键核心技术,锻造精品工程,推动发展新质生产力,加快实现高水平科技自立自强,服务高质量发展"。2024年2月29日,总书记在主持二十届中央政治局第十二次集体学习时强调,"把能源技术及其关联产业培育成带动我国产业升级的新增长点,促进新质生产力发展"。2024年3月6日,总书记在看望参加全国政协十四届二次会议的中国国民党革命委员会、科技界、环境资源界委员,并参加联组会,听取意见和建议时强调,科技界委员和广大科技工作者要进一步增强科教兴国强国的抱负,担当起科技创新的重任,加强基础研究和应用基础研究,打好关键核心技术攻坚战,培育发展新质生产力的新动能。

四是指导因地制宜发展新质生产力。2024年2月2日，习近平总书记在听取天津市委和市政府工作汇报时强调，"天津作为全国先进制造研发基地，要发挥科教资源丰富等优势，在发展新质生产力上勇争先、善作为。要坚持科技创新和产业创新一起抓，加强科创园区建设"，"要加强与北京的科技创新协同和产业体系融合，合力建设世界级先进制造业集群"。2024年3月5日，总书记在参加十四届全国人大二次会议江苏代表团审议时强调，江苏发展新质生产力具备良好的条件和能力。要突出构建以先进制造业为骨干的现代化产业体系这个重点，以科技创新为引领，统筹推进传统产业升级、新兴产业壮大、未来产业培育，加强科技创新和产业创新深度融合，巩固传统产业领先地位，加快打造具有国际竞争力的战略性新兴产业集群，使江苏成为发展新质生产力的重要阵地，"要牢牢把握高质量发展这个首要任务，因地制宜发展新质生产力"。2024年3月20日，习近平总书记在长沙主持召开新时代推动中部地区崛起座谈会并发表重要讲话时强调,"要以科技创新引领产业创新,积极培育和发展新质生产力"。2024年3月21日,总书记在听取湖南省委和省政府工作汇报时强调,科技创新是发展新质生产力的核心要素。要在以科技创新引领产业创新方面下更大功夫,主动对接国家战略科技力量,积极引进国内外一流研发机构,提高关键领域自主创新能力。强化企业科技创新主体地位,促进创新链产业链资金链人才链深度融合,推动科技成果加快转化为现实生产力。2024年4月23日,总书记在重庆主持召开新时代推动西部大开发座谈会时再一次强调,"要坚持把发展特色优势产业作为主攻方向","因地制宜发展新质生产力,探索发展现代制造业和战略性新兴产业,布局建设未来产业,形成地区发展新动能"。

习近平总书记关于新质生产力的一系列重要论述、重大部署,旨在解决我国社会面临的主要矛盾,破解新时代新发展阶段高质量发展面对的主要问题,适应中国式现代化的内在要求。就提出的背景而言,我认为可从以下三个大的方面来阐述。

（一）基于对新科技革命和世界发展趋势的深刻洞察

当前，全球新一轮科技革命、产业革命、大国战略博弈与我国现代化新征程相互交织。习近平总书记指出："历次产业革命都有一些共同特点：一是有新的科学理论作基础，二是有相应的新生产工具出现，三是形成大量新的投资热点和就业岗位，四是经济结构和发展方式发生重大调整并形成新的规模化经济效益，五是社会生产生活方式有新的重要变革。这些要素，目前都在加快积累和成熟中。"新一轮科技革命、产业革命中最具影响力的是数字经济和低碳技术，我国都处在第一方阵，为我国经济发展动能变革、结构变革、质量变革带来巨大机遇，但也带来更为严峻的竞争态势。另外，科技创新的不确定性带来发展的不确定性，新一轮科技革命还推动了科学研究范式的深刻变革。美国国家科学院、工程院和医学院 2022 年发布《加速发现的自动化研究工作流——使知识发现形成闭环》报告，提出将计算、实验室自动化和人工智能等工具集成到研究任务的各流程中，将数据分析甚至实验交由机器学习或优化技术辅助完成，不仅大幅提升科学发现速度，如材料合成和测试所需时间从9个月大幅降至5天，而且极大促进研究的可重复性、可复制性和可信度，将引发科研创新方式、路径的重构。

在此背景之下，以人工智能、新一代信息技术、生物技术为特征的新一轮科技革命和产业变革正在为世界经济增长注入新的动能，为生产力的大跃升大发展提供了可能。世界各国都在加快实施催生新产业革命的国家战略，比如美国的"先进制造业伙伴计划"、德国的"工业4.0"、日本的"再兴战略"、法国的"新工业法国"、英国的"高价值制造计划"等。与此同时，面对全球化的"逆风逆流"，美国西方国家大搞保护主义和单边主义，构筑"小院高墙"，对我国进行技术封锁、"脱钩断链"，我们也必须加快实现科技自立自强，以颠覆性技术和前沿技术催生新产业、新模式、新动能，在生产力发展中取得领先地位,在激烈的国际竞争中把握发展主动权。提出"新质生产力",正是对新一轮科技革命、产业变革的深刻透视和前瞻部署。

(二)基于对新时代我国经济社会发展历史方位和发展状况的科学把握

党的十八大以来,我国在发展阶段、发展环境、发展条件等方面都发生了深刻变化,国际力量对比深刻调整,大国博弈不断加剧,同时国内人口增速在下降,资本积累的边际效益越来越低,全要素生产率不升反降,传统的资源要素投入型发展方式、低成本出口战略和以低端产业为主导的产业结构越来越难以为继。从实现中国式现代化发展目标来看,到 2035 年人均国内生产总值达到中等发达国家平均水平,需要在从 2021 年开始的 15 年里年均经济增速达到 4.8%。到 2050 年达到发达经济体平均水平,需要 30 年里年均增长 4.6%,若不改变生产方式,两者的潜在增长率分别只有 4%、3.4%,很难达到所要求的经济增长目标。

在赢得大国战略博弈方面,我国与发达经济体真正的差距在于产业结构性落后和失衡,需要改造提升传统产业、培育壮大新兴产业、布局建设未来产业,加快构建现代化经济体系,完成向形态更高级、分工更复杂、结构更合理的经济发展模式演化,形成一批能够适应当前的利率税率、具有更高效率和更强竞争力的新企业、新产业。新质生产力的提出,为解决新时代我国经济社会发展的系列难题指明了方向和出路。

(三)基于我国高质量发展的实践探索

改革开放以来,我国利用产业发展空间大、劳动力成本相对较低、国内市场较大和国际市场形势好等多方面有利条件,加快发展步伐,迅速成长为世界第二大经济体。进入 21 世纪后,尤其是近年来,新一轮的科技革命和产业革命排山倒海般涌现,我国劳动力成本逐步增加,资源环境的约束力逐步增强,传统的粗放型发展方式难以为继,转变发展模式势在必行。

2017年,习近平总书记在党的十九大报告中明确宣告"我国经济已由高速增长阶段转向高质量发展阶段"。在2017年12月召开的中央经济工作会议上,习近平总书记对"高质量发展"作了明晰的界定,认为高质量发展就是"能够很好满足人民日益增长的美好生活需要的发展,是体现新发展理念的发展,是创新成为第一动力、协调成为内生特点、绿色成为普遍形态、开放成为必由之路、共享成为根本目的的发展"。

党的二十大报告进一步强调,"高质量发展是全面建设社会主义现代化国家的首要任务"。高质量发展与新质生产力有着非常密切的关系。习近平总书记在二十届中央政治局第十一次集体学习指出,"发展新质生产力是推动高质量发展的内在要求和重要着力点","高质量发展需要新的生产力理论来指导,而新质生产力已经在实践中形成并展示出对高质量发展的强劲推动力、支撑力,需要我们从理论上进行总结、概括,用以指导新的发展实践"。新质生产力以全要素生产率大幅提升为核心标志，具有高科技、高效能、高质量特征。加快培育和发展新质生产力，有助于进一步提高生产效率和资源利用效率，加快推进产业转型升级、构建现代化产业体系，提高经济发展的质量和效益。党的十八大以来，我国高质量发展的实践也表明，推进高质量发展必然要加大对于科技创新、人才培养、基础设施建设等方面的投入，必将激发多样化、高品质的需求，为新质生产力发展提供更多的机遇和条件。

当前，推动高质量发展已是广泛共识和自觉行动，但还存在大量制约因素。新质生产力的提出，既是面向未来的重大战略性部署，也是推进高质量发展的迫切需要，同时对于当前进一步推动经济回升向好，克服有效需求不足、部分行业产能过剩、社会预期偏弱、风险隐患仍然较多、国内大循环存在堵点，以及外部环境的复杂性、严峻性、不确定性上升等困难和挑战都具有重大现实意义。因此，新质生产力的提出，具有历史紧迫性和客观必要性。

二、教育在发展新质生产力中的地位与作用

从 1930 年杨贤江的《新教育大纲》到新中国成立后的相当长一段时间内,我国教育界在对于把教育作为一种特殊的上层建筑现象的问题上有着无可争议的共识。其基本立论根据是马克思在《〈政治经济学批判〉序言》中所确立的原理:"这些生产关系的总和构成社会的经济结构,即有法律的和政治的上层建筑竖立其上并有一定的社会意识形态与之相适应的现实基础。物质生活的生产方式制约着整个社会生活、政治生活和精神生活的过程。不是人们的意识决定人们的存在,相反,是人们的社会存在决定人们的意识。"也就是说,教育是受经济基础制约的,经济关系的性质决定了教育的性质,经济关系的发展变化决定了教育的发展变化。

中国共产党十一届三中全会提出以现代化建设为中心任务后,教育理论界也提出了重新认识教育

的性质与职能问题,著名经济学家于光远率先对教育的"上层建筑说"提出质疑。他明确提出:"教育一部分属于上层建筑,一部分不属于上层建筑,但整个说来,不能说教育就是上层建筑。"他举例说,上一代人对下一代人传授生产经验、文化科学技术知识等教育职能,如数学课、物理课和化学课等课程的教学方法,就不属于上层建筑。教育理论界旷日持久的教育本质大讨论由此引发。

1980年,于光远先生又明确提出教育是生产力的命题。根据他对马克思的生产劳动与非生产劳动理论的理解,他主张教育劳动无疑"属于社会生产劳动",从而提出"教育变为直接生产力的过程就是教育本身,就是培养作为生产力的要素的人",由于教育是作用于人的,"教育的产品就是教育者的劳动转化为受教育者的智慧、才能、品德、性格,经过这么一转化,人就成为生产力的一个要素,而教育也就成为直接的生产力"。

"生产力说"的立论根据还有三点。第一,教育是劳动力的生产过程,教育永恒的社会职能就是生产不同层次和类型的劳动力。在现代生产的条件下，劳动力所包含的智力因素，包括科学知识、生产技术等，只有通过教育才能获得。第二，教育的发展直接受生产力发展所决定，教育目的、教育内容、教育方法和手段以及教育规模和速度，都同生产力有着直接的联系。第三，教育是知识形态的生产力转化为直接生产力的途径，科学转化为生产力，一是通过"物化"在技术和生产资料上，一是"智化"于劳动力的主体之中。这两个转化过程都有赖教育的直接和间接作用。总之，教育既是劳动力再生产的必要条件，又是把科学技术这种潜在生产力转化为直接生产力的重要环节。教育已直接或间接地，而且愈来愈多地参与了物质生产过程，在此意义上说，教育是生产力。

一石激起千层浪。据初步统计，在1978年至1995年期间发表的讨论教育本质的论文有304篇，专著三部，共提出28种教育本质说（观），如"上层建筑说""生产力说""双重属性说""多重属性说""特殊范畴说""社会实践说""培养人说""产业说""非产业说""相对说"等,每一种本质说下面又有若干变种,从而形成一种争奇斗艳的"百家"争辩局面。尽管关于教育本质的学术争鸣并未形成定论,争鸣中提出的许多观点也带有探索性质,但它的意义仍是巨大和深远的,它对于克服过去对教育的狭隘认识,对于教育主动适应现代化建设的需要,对于明确教育培养人的社会职能,尤其是对于我们今天认识教育对于发展新质生产力的地位与作用,具有积极的理论和现实意义。

新质生产力属于生产力范畴,是生产力发展在新的时代的表现形式。按照马克思主义经典作家的观点,生产力是指人们在认识自然的基础上改造自然的能力,是人们在劳动生产中利用自然、改造自然以使其满足自身需要的客观物质力量。生产力体现了生产过程中人与自然的关系,标志着人类改造自然的实际能力和水平。生产力是由客观物质要素构成的复杂系统,其结构的基本要素包括劳动者(人)、劳动资料(工具)和劳动对象(自然)。生产力的三个基本要素相互区别又相互联系,其中劳动者居于主导地位,起主导作用。三个基本要素通过社会分工、协作、经济管理等机制,按照一定的结构组成生产力系统,发挥着整体功能。

新质生产力是由技术革命性突破、生产要素创新性配置、产业深度转型升级而催生的先进生产力质态。新质生产力以劳动者、劳动资料、劳动对象及其优化组合的跃升为基本内涵,具有强大发展动能,能够引领创造新的社会生产时代。教育与生产力发展关系密切,在发展新质生产力方面具有不可替代的重要作用。

(一)培养更高素质的劳动者

更高素质的劳动者是新质生产力的第一要素。人是生产力中最活跃、最具决定性意义的因素,传统生产力对劳动者的素质要求相对较低,工业革命对劳动者的素质第一次提出了新的要求,"读写算"能力成为对劳动者的新的要求,现代学校制度应运而生。形成新质生产力的新兴产业和未来产业对劳动者的知识和技能提出了新的更高的要求。发展新质生产力，需要两种类型的人才：一类是能够创造新质生产力的战略人才，包括在颠覆性科学认识和技术创造方面作出重大突破的顶尖科技人才，在基础研究和关键核心技术领域作出突出贡献的一流科技领军人才和青年科技人才，他们能够高瞻远瞩，引领世界科技前沿、创新创造新型生产工具；一类是能够熟练掌握新质生产资料的应用型人才，包括以卓越工程师为代表的工程技术人才和以大国工匠为代表的技术工人，他们具备多维知识结构、能够熟练掌握新型生产工具。

对于第一类人才，需要我们的基础教育和高等教育加大创新拔尖人才的培养力度。在基础教育阶段，应在教育教学过程中更加重视培养学生的问题意识、批判精神、创新精神、意志品质、科学素养等，激发学生的好奇心、求知欲、创新潜能和创造热情；加强对创新人才成长规律的研究，优化早期发现与选拔人才的机制；加强高中阶段教育与高等教育深度衔接的政策协同设计和统筹谋划，突破学校的资源边界，加强基础教育与高校、科研院所、企业和社会的互动，在高校和科研院所支持下推动中小学生参与真实研究、开展跨学科学习。

在高等教育阶段，应着力加强基础学科建设，加大重大原始创新人才培养力度；聚焦打造新质生产力的迫切需要，着力加强交叉学科建设，深入推进学科交叉融合、调整升级；全面加强优质教育教学资源体系化建设，丰富新兴领域相关课程体系，找准人才培养与国家战略需求的契合点，切实培养出能够创造新质生产力的战略型人才和能够熟练掌握新质生产资料的应用型人才；构建突出创新能力和学术水平的多维度评价体系，制定科学合理、各有侧重的分类人才评价标准；探索企业出题、高校"揭榜挂帅"的产学研深度融合的组织新范式，帮助企业"解决真问题、真解决问题、问题真解决"；营造良好的学术生态，为青年人才脱颖而出创造良好环境。

对于第二类人才，需要深化我们的职业教育改革。职业教育应锚定服务发展、促进就业的办学方向，打开校园围墙，服务于经济社会和实体经济发展；聚焦国家重大战略需求，以战略性新兴产业和未来产业需求为导向,突破产教融合、校企合作体制机制上的"堵点"和"痛点",强化产教融合、科教融合平台建设;优化职业教育的专业设置和课程体系,以创新型技术技能人才培养为主线,促进职业教育供给侧与产业需求共生共长;积极推动落实职普融通,建立幼小中大职业技能教育与职业精神培养的贯通体系,探索高中后职普分流的试点,让不同禀赋和需要的学生能够多次选择、多样化成才。

(二)提供更高技术含量的劳动资料

更高技术含量的劳动资料是新质生产力的动力源泉。劳动资料是人们在劳动过程中所运用的物质资料或物质条件,其中最重要的是生产工具。

从生产力的本源来看,人类历史上的所有生产力的进步,都是人类将自己的体力、技巧和智力外化、物化为生产工具的过程,生产工具表征着人类生产力发展的程度。对应人的体力、技巧和智力,生产工具包括动力机、操作机(含传送机)和控制机三大类,人类的科技和产业革命也集中表现在动力机、操作机和控制机的质变与跃升。因此，生产工具的科技属性强弱是辨别新质生产力和传统生产力的显著标志，也是区分不同社会经济时代的客观依据。人类社会的不同历史发展阶段，生产力发展所依赖的技术支撑和工具也具有不同的水平。

18世纪60年代中期，从英国发起的第一次工业革命是技术发展史上的一次巨大变革，它开创了以机器代替手工工具的时代。蒸汽机、机械纺纱机等成为当时的颠覆性技术，以这些技术为支撑的产业快速发展，现代工厂制代替了手工工场，机器代替了手工劳动，从而开启了人类社会现代化的进程，英国也由此成为世界霸主。

19世纪70年代开始到20世纪初，由美国发起的第二次工业革命是技术发展史上的又一次巨大变革。随着发电机、电动机等新的颠覆性技术的相继发明，世界由"蒸汽时代"进入"电气时代"，工业重心由轻纺工业转为重工业，出现了电气、化学、石油、汽车等新兴工业部门，美国也代替英国成为新的世界强国。

如果说，第一次和第二次工业革命的重点都是动力机革命的话，第三次科技革命和产业革命则不仅仅有动力端的核能革命与操作端的电子革命、航天革命、生物技术革命等，而且首次出现了控制端的计算机革命。从 20 世纪四五十年代以来，随着在原子能、电子计算机、微电子技术、航天技术、分子生物学和遗传工程等领域取得重大突破，一大批新型工业和第三产业应运而生并迅速发展，人类进入了信息时代和知识经济时代，美国依然是这个时代的重要主导者。

目前，以人工智能、大数据、清洁能源、无人控制、量子信息、虚拟现实和生物技术为重点的第四次科技革命和产业革命正在兴起，这是一次由控制端引领、在动力端和操作端全面爆发的革命，是迄今为止人类生产能力最宽广的延伸、最全面的提升，更是人类最特殊的能力——智力的最重大的革命。一方面，数字技术正在向通用人工智能发展，机器人几乎可以模仿人的全部行为，同时具备自主学习与解决问题的能力。人工智能不仅仅是控制端的根本性革命，而且会进一步使操作端全面自动化，这意味着人的体力劳动和脑力劳动将得到全面的解放。另一方面，人工智能将带来巨大的能源需求，人工智能的尽头是光伏和储能，光伏、储能和可控核聚变等新能源革命呼之欲出。

新一轮的科技革命与产业革命必将孕育出一大批更智能、更高效、更低碳、更安全的新型生产工具，催生新质生产力的进一步发展。世界主要国家都在积极布局谋篇，加快实施催生新的科技革命与产业革命的国家战略，希望在新一轮的科技革命与产业革命中取得主动权和领导权。

无疑，教育在提供更高技术含量的劳动资料方面具有非常重要、不可替代的作用。首先，教育在培养战略科学家、一流科技领军人才和创新团队方面发挥着重要作用。我国的高等学校集聚了一大批顶尖科学家、学术骨干和富有活力的青年师生，拥有众多相互交融的学科和一流科研创新平台，多年来立足国家需要，为实现高水平科技自立自强，解决"卡脖子"的关键技术作出了重要贡献。据统计,"十三五"以来,我国高校建设了60%以上的国家重点实验室,牵头完成50%的"中国科学十大进展",为高铁、核电、生物育种、疫苗研发等重点领域提供了关键技术,参与了超级计算机、神舟系列等大国重器的研发,成为国家自主创新的重要策源地,有效促进了科技创新、经济发展和社会进步。

其次,教育通过知识创新、技术创新功能,在实现重大原始创新和关键核心领域颠覆性技术突破,推动更多新技术、新发明、新产品应用于生产实践进而成为"新质生产工具"方面具有基础性作用。一方面,教育通过组织开展系统性的科学研究发挥知识创新的功能。其中,基础研究是原始创新的源头,是新技术、新发明的先导。近日,清华大学研究团队首创了一种干涉—衍射分布式广度光计算架构,并研制出高算力、高能效的智能光计算芯片,可实现每秒每焦耳160万亿次运算的通用智能计算,为大模型通用智能计算探索了新路径。该团队正与相关机构洽谈,建设算力实验室,以期用智能光计算芯片支撑大模型训练与推理、通用人工智能等人工智能研究与应用。这个重大原始创新为我国人工智能在全球科技竞争中赢得更大优势奠定了基础。另一方面,知识创新必须通过技术创新才能转化为现实生产力。教育发挥技术创新功能的主要途径是产学研结合。教育通过与产业部门的结合,连接学术研究和实际应用,实现高质量的科技成果转化,在关键核心领域取得技术突破,进而引发生产方式的根本性变革。

(三)拓展更广范围的劳动对象

更广范围的劳动对象是新质生产力的物质基础。劳动对象是劳动者在劳动过程中加工的对象,包括自然界的现存物和人类劳动加工过的物质资料,是社会生产活动赖以进行的基础和前提,也直接体现了不同时代的生产力发展水平。人类最初的劳动对象是自然界的现存物或初步加工的生产原料,得益于科技创新的广度延伸、深度拓展、精度提高和速度加快,新质生产力实现了对劳动对象更广范围的拓展。一是传统劳动对象的种类和形态得到大大拓展。借助于新兴技术手段,人类可以更加便捷地从自然界获取物质和能量,利用和改造自然的范围也扩展至深空、深海、深地等。二是在新兴技术手段的运用过程之中不断产生新的劳动对象。一方面,人类通过劳动不断创造新的物质资料,并转化为劳动对象,大幅提高了生产率。如新能源汽车所使用的电池级碳酸锂、用于制造半导体器件的砷化镓等具有较高价值的新原料。另一方面,随着网络化、智能化、数字化技术的加快发展,数据作为新型生产要素成为重要劳动对象,它既直接创造社会价值,又通过与其他生产要素的结合、融合进一步放大价值创造效应。而且,不同于传统劳动对象,数据是能够不断再生和循环使用的。在数字生产过程中,数据搜集、数据挖掘、数据分析、数据产品加工、数据营销等通过互联网形成了数据再生产的过程,进而改变了传统生产要素投入和产出的方向、规模和结构。正如习近平总书记指出的那样,数据是新的生产要素,是基础性资源和战略性资源,也是重要生产力。

与在提供更高技术含量的劳动资料方面发挥的

重要作用有异曲同工之妙,教育在拓展更广范围的劳动对象方面同样具有重要的、不可替代的作用。从劳动对象角度看,教育通过间接发挥产业创新功能,推动传统产业改造升级,培育壮大新兴产业和未来产业,促进劳动对象扩大化和虚拟化,形成"新质劳动对象"。

首先,构成新兴产业和未来产业的关键生产要素也是新质生产力的基础要素,与新质劳动对象高度一致。所谓新兴产业,是指以重大技术突破和重大发展需求为基础、对经济社会全局和长远发展具有重大引领带动作用、成长潜力巨大的产业,具有科技含量高、市场潜力大、带动能力强、综合效益好等特征,主要包括新一代信息技术、人工智能、生物技术、新能源、新材料、高端装备、绿色环保等。所谓未来产业,是指那些当前尚处于孕育孵化阶段,但具有高成长性、战略性、先导性的产业,主要包括类脑智能、量子信息、基因技术、未来网络、深海空天开发等前沿科技和产业变革领域。

其次,教育可以通过对接产业发展需求,与企业深度合作培养新兴产业和未来产业所需的各类创新人才。如美国卡内基梅隆大学和理查德·金·梅隆基金会（Richard King Mellon Foundation）共同发起的"匹兹堡复兴计划"，就是由卡内基梅隆大学与亚马逊、谷歌、苹果等公司合作，共同设计出与产业发展需要及学生兴趣紧密关联，并以完成现实世界的真实任务为主要驱动的教学和实践策略，为学生提高人工智能的实践平台，致力于匹兹堡社区及大学科技领导力的复兴。再以我国制造业龙头企业三一集团为例，这家拥有三家上市公司、年收入达 1700 亿的全球化企业，所生产的挖掘机械、混凝土机械、起重机械、移动港口机械等都是世界销量第一，客户和服务遍及全球 180 多个国家和地区，他们的技术人员就超过 11000 人，其中研发硕士博士人才占比达 49%。三一集团的董事长向文波于 2024 年 5 月在"深化高校育人模式改革，提高人才自主培养能力"调研座谈会上发言表示，他们正在进行第三次创业，大力推进"全球化、数智化、低碳化"转型，对人才的需求从原有的产业技术继承者转变为解决"卡脖子"问题、在产业"无人区"进行技术突破的创新引领者,迫切需要高校对人才的培养与企业对人才的需求"同频共振"。向文波呼吁,高校应该"让学科跟着产业走,专业围着需求转",聚焦产业前沿交叉学科、新兴学科和关键核心技术领域的学科布局,让大数据、云计算、人工智能等前沿技术为传统产业插上腾飞的翅膀,进一步强化教育教学与产业科技创新双向互动,提升人才自主培养质量,培养造就紧缺拔尖产业人才。

再次,教育可以通过加强高校科技成果转移和孵化平台建设等,推进重大科技创新成果产业化,对新兴产业和未来产业的发展形成支撑。在这方面,国内外都有许多成功案例。如美国麻省理工学院和IBM研究院联合成立的MIT-IBM Watson AI实验室,致力于推动人工智能的前沿发展,运用数据驱动的深度学习方法来理解语言和视觉世界。该实验室的产业应用伙伴研究涵盖消费技术、医疗设备、金融、建筑、能源和国际发展领域的诸多领军企业。清华大学科技园成立的纳米新型孵化器,集聚纳米科技成果，对接产业化通道，促成了超级电容器、碳纳米管薄膜等新材料项目实现产业化。在未来产业领域，部分高校采取与政府、企业共建模式，通过试点建设未来产业科技园，前瞻布局未来产业重点发展方向，也取得了很好的成效。全国首批 10 家未来产业科技园牵头单位均为具备相关领域学科优势的高水平大学，包括北京航空航天大学"空天科技未来产业科技园"、上海交通大学"未来能源与智能机器人未来产业科技园"、华中科技大学"光电与医疗装备未来产业科技园"等。

未来，高等教育应该继续以培育壮大战略性新兴产业和未来产业为重点，进一步加强产学研深度合作，对前沿技术、颠覆性技术进行多路径探索和交叉融合，拓展劳动对象的种类和形态，为开辟生产活动的新领域新赛道，夯实发展新质生产力的物质基础作出新的更大的贡献。

（四）助力更高水平的科技创新

习近平总书记在阐释"新质生产力"的内涵和

特点时明确指出,"新质生产力是创新起主导作用",强调新质生产力"特点是创新,关键在质优,本质是先进生产力",要求"继续做好创新这篇大文章,推动新质生产力加快发展"。

总书记从五个方面全面论述了如何"做好创新这篇大文章":"第一,大力推进科技创新。新质生产力主要由技术革命性突破催生而成。科技创新能够催生新产业、新模式、新动能,是发展新质生产力的核心要素。这就要求我们加强科技创新特别是原创性、颠覆性科技创新,加快实现高水平科技自立自强。……第二,以科技创新推动产业创新。科技成果转化为现实生产力,表现形式为催生新产业、推动产业深度转型升级。因此,我们要及时将科技创新成果应用到具体产业和产业链上,改造提升传统产业,培育壮大新兴产业,布局建设未来产业,完善现代化产业体系。……第三,着力推进发展方式创新。绿色发展是高质量发展的底色,新质生产力本身就是绿色生产力。我们必须加快发展方式绿色转型,助力碳达峰碳中和。……第四,扎实推进体制机制创新。生产关系必须与生产力发展要求相适应。发展新质生产力,必须进一步全面深化改革,形成与之相适应的新型生产关系。……第五,深化人才工作机制创新。要按照发展新质生产力要求,畅通教育、科技、人才的良性循环,完善人才培养、引进、使用、合理流动的工作机制。"

新质生产力的核心和基础是科技创新,越是前沿的产业越需要高科技支撑。只有依靠科技创新尤其是前沿颠覆性技术及其应用为重要驱动力,才能真正推动经济新产业、新模式、新动能、新业态的发展,占据未来产业的制高点。创新是一种有目的的、创造性的、复杂性的高级实践活动,也是一种渗透性的生产要素,可以提高劳动者的能力,促进资本积累以及改进劳动资料特别是生产工具,可以将科学知识转化为生产力、引发生产工具变革从而推动生产关系的变革,可以把巨大的自然力和自然科学并入生产过程,使生产过程科学化,进而对提高生产力、促进经济社会发展产生巨大的促进作用。

教育在助力更高水平的科技创新方面具有重要

深化教育改革与发展新质生产力

的基础性作用。教育作为科学知识转化为现实生产力的重要手段,在科技创新中发挥观念创新、人才创新、知识创新、技术创新和产业创新等作用,从而推动新质生产力的发展。

首先,在观念创新方面,教育对于培育创新文化、推动观念创新具有重要作用。研究表明,我国全社会的创新氛围仍然不够浓厚,自信自立敢为人先的创新文化建设有待加强。[①] 创新文化的深层内核是推崇怀疑精神与审辩性思维,尊重自由探索和首创精神。家庭教育是创新文化浸润的重要渠道,要培养孩子的好奇心与求知欲,学校教育要从填鸭式、灌输性的知识教育转向启发式、讨论化的思维训练。社会教育要注重对科学方法的培育和科学精神的弘扬,鼓励创新,宽容失败,激发公民参与科技活动的兴趣与意愿。

其次,在人才创新方面,教育对于培养时代所

---

① 参见丁明磊2024年在民进中央专题调研座谈会上以"提升国家创新体系整体效能,推动新质生产力加快发展"为题的发言。

需的创新型人才具有基础作用。创新驱动的本质是人才驱动，必须在创新实践中发现人才、在创新活动中培育人才、在创新事业中凝聚人才。教育活动要尊重人才成长的规律，努力培养造就一大批具有国际水平的战略科技人才、科技领军人才、青年科技人才和创新团队。近年来实施的国家基础学科拔尖人才培养战略行动（419计划），新工科、新医科、新农科、新文科建设，国家卓越工程师学院、未来技术学院、现代产业学院和专业特色学院建设等，都是在人才创新方面的有效探索。[1]

再次，在知识与技术创新方面，教育对于知识创新和技术创新具有关键性作用。知识是人类认识世界的结晶，技术是人类改造世界的锐器。知识创新可发生在知识的生产、传播和应用的全过程，主要包括"知识汇聚、知识传承、知识创造、知识应用和知识传播"活动。通过科学研究探索新规

---

[1] 参见教育部高等教育司在全国政协"深化高校育人模式，提高人才自主培养能力"调研座谈会上的发言。

律、新理论进而创造新知识恰恰是教育的基本职能之一。有研究认为，在所有从事知识活动和产出的社会组织中，承担其中一项或者几项的社会组织很多，但唯有大学能够将这五项功能完全有机地融合在一起。认识世界是改造世界的前提，知识创新是技术创新的基础。技术创新侧重于新产品和新工艺等的研究开发、应用与推广，是知识创新的应用和发展，是知识创新转化为现实生产力的关键一环。因此，教育是建设知识创新与技术创新双轮驱动的国家创新体系不可或缺的基础性工作。

最后，在产业创新方面，教育是建设产学研用共同体、实现产业创新功能的核心途径。产学研用全面合作，是实现产业结构升级与新兴产业孵化的重要机制之一。许多高校通过设立创新创业教育课程和孵化器，激励师生将科技创新成果转化为商业产品，不仅培养了师生的创业能力，也促进了科技成果的实际应用，形成了良性的科教融合循环。湖南工商大学在这方面进行了有益的探索。该校陈晓红院士领衔的湘江实验室与华为、百度、新华三集团等35家头部企业成立了"四算一体"产业联盟，共建14个研究院和工程技术研究中心，布局推进了26个重大项目，引导学生进企业、进项目、进团队，构建了"企业出题、学校答题、应用转化"的科研模式，科技成果转化率年均增长20%以上，在2024年初发布了智慧交通轩辕大模型、新一代智能激光焊接机器人等七款创新产品，形成了"校地企、产学研创"命运共同体。[1]

在上述四个创新机制中，观念创新是基础，人才创新是核心，知识创新和技术创新是关键，产业创新是目标。其中，人才创新为知识创新和技术创新培育创新主体；知识创新和技术创新应用于人才培养，也会反过来提升创新型人才培养的层次和质量。通过将知识创新和技术创新成果向产业转化，强化了教育在产业创新中的作用。教育通过观念创新、人才创

---

[1] 参见陈晓红2024年5月22日在全国政协"深化高校育人模式，提高人才自主培养能力"调研座谈会上以"聚焦前沿，勇担使命，谱写高素质人才自主培养新篇章"为题的发言。

新、知识和技术创新、产业创新全面作用于新质生产力的各个要素，促进生产力全要素由"量"到"质"的转化，从而对新质生产力发展形成基础性、战略性支撑，为促进新质生产力发展发挥先导性作用。

三、深化教育改革发展新质生产力的路径与方法

构建新发展格局、发展新质生产力、推动高质量发展，对教育提出了更高的要求。当前，我们在创新人才的培养方面，无论是人才培养的层次、结构、类型，还是人才培养的数量、质量，都无法满足新质生产力发展的新需求，缺乏能够在关键时刻、必争领域赢得"掰手腕"较量的顶尖人才；在原始创新方面，我们有"高原"、缺"高峰"，破解"卡脖子"问题的原始创新能力依然不足；在人才评价机制方面，我们"破"多"立"少，导致"破五唯"无法落地，重应用、重质量的科学教育观、用人观、人才观尚未真正建立。为此，必须锚定教

育强国建设目标，围绕教育、科技、人才一体化推进这条战略主线，深化教育改革，为发展新质生产力全面夯实教育之基。

（一）进一步推进教育、科技、人才一体化

党的十七大、十八大、十九大报告，都把教育置于民生部分、科技置于经济部分进行阐释。二十大报告则将教育、科技、人才统合在"实施科教兴国战略，强化现代化建设人才支撑"部分，明确提出"科技是第一生产力，人才是第一资源，创新是第一动力"，"教育、科技、人才是全面建设社会主义现代化国家的基础性、战略性支撑"，这充分体现了党和国家对于新时代系统推进教育强国、科技强国和人才强国建设的高度重视，也深刻揭示了教育、科技、人才三者在社会系统中的相互关联性和目标一致性。

习近平总书记指出，"要按照发展新质生产力要求，畅通教育、科技、人才的良性循环"。教育、科技、人才都是以人为核心的社会因子，三者互为基础，相互依赖、相互支撑、相互成就，在发展新

质生产力的过程中交相辉映、良性循环。教育是科技、人才的基础，人才又是教育、科技的基础，科技是教育和人才的聚集地。顾建军先生作了一个形象的比喻：教育、科技、人才在社会矛盾运动中具有三轴螺旋联动的结构关系，在第一层面，教育、科技、人才以各自的运行规律为轴心进行自转；在第二层面，教育、科技、人才作为相互联系的三个因子进行协同互转；在第三层面，教育、科技、人才则作为一个整体，围绕生产力发展和社会发展要求，在社会矛盾基本运动中体现公转的基本特性，"伴随着经济发展的转型升级和发展新质生产力的迫切需求，教育、科技、人才的联动整合关系愈发重要，其一体化发展的协同作用、放大作用、聚力作用将更为凸显"[①]。

为了进一步推动教育、科技、人才的一体化发展，我们需要坚持"三位一体"的统筹推进策略，

[①] 引自顾建军的文章《秉持教育、科技、人才一体推进理念，为新质生产力发展提供教育基础》。

推动教育、科技和人才各展所长、各尽其能，形成优势互补、互相促进、协同发展的良性循环，更好推动新质生产力的发展。

一是要深化教育改革，发挥教育的先导性优势。教育是培养人才的基础，也是推动科技进步的关键。要进一步加大对教育的投入，提高教育质量，培养更多的高素质人才。作为创新拔尖人才早期发现和培养的基础教育，要注重培养学生的好奇心和求知欲，尊重学生的个性和潜能。为适应人口变化的趋势，要进一步增加基础教育一贯制学校，推动小学、初中、高中的一体化办学，加大教育资源跨学段动态调整和余缺调配，统筹资源化解学龄人口峰谷切换造成的排浪式冲击，有序确保学龄人口平稳迎峰度峰。同时，我们还需要改革教育体制，使之更加适应社会发展的需要，更加注重培养学生的创新能力和实践能力。作为基础研究主力军、重大原始创新主战场和人才培养主阵地，高等教育要主动担当、深化改革、积极作为，充分锚定加快发展新质生产力的迫切需要，自觉在经济社会发展大局中找准任务定位，突出主责主业，优化学科设置和人才培养模式，完善有进有出、有增有减的专业动态调整机制，加快布局一批新兴学科、交叉学科，促进"科""教"全链条、全要素、全主体深度融合，打造产业、学校、学科多维度贯通的交叉学科深度融合模式，打造教育、科学、人才"三位一体"融合发展的战略基地、创新高地和坚强阵地，着力构建高质量高等教育体系。

二是要加大科技创新力度，发挥科技的主导性优势。科技是推动社会进步的重要力量，也是提高国家竞争力的关键。当前，全球科技创新进入密集活跃期，呈现交叉融合、多点突破的态势，以极强的渗透性、扩散性、带动性广泛赋能经济社会发展。而随着一大批新型生产工具的涌现，劳动者的认识、创新和实践能力得到大幅提升，劳动资料的技术含量大幅提高，劳动对象的种类和形态大幅拓展。生产力水平的提高，又反过来对科技创新提出了新需求。从国内的情况来看，简单增长的时代已经过去，只有加强科技创新，才能抓住技术革命红利，推动生产力跃迁。成立于2011年的宁德时代新能源科技股份有限公司，只用了短短十年时间就登顶行业世界第一，背后正是大量科技创新成果的支撑。

要对照高水平科技自立自强、发展新质生产力目标，对照新一轮科技革命和产业革命背景下基础研究转化周期明显缩短，科技创新与产业应用几乎同步进行的特点，狠抓创新体系建设，加快补齐短板弱项，有效串联各创新平台。要进一步深化科技体制改革，从国家层面加大对省级科技委工作的指导，更好推动地方党委加强对科技创新工作的集中统一领导，不断提高基层科技治理能力。要大力培育新质创新主体，培育"四不像"新型研发机构，优化创新资源配置和组织方式，扩大科研主体和市场主体自主探索空间，提高体系的活力和效力。要推动转制院所回归公益，聚焦底层共性技术，力争成为行业原创技术策源地。创新事业单位国有资产管理办法，在评估定价、产权转移、作价入股、绩效考核等环节，建立适应技术类无形资产特点的国有资产管理机制。

三是要深化人才体制改革，发挥人才的创造性优势。人才是创新活动中最为活跃、最为积极的因素，是国家和社会发展最宝贵的资源，也是推动教育和科技发展最关键的力量。当前世界科技竞争越来越取决于"塔尖"上的拔尖创新人才，我国正在加快培育和发展新质生产力，各地各行各业也越来越需要高端人才。习近平总书记指出，要"加快建设世界重要人才中心和创新高地，必须把握战略主动，做好顶层设计和战略谋划"。要坚持"为党育人，为国育才"，优化人才培养目标。要高度聚焦当前强国建设特别是发展新质生产力的迫切需要，紧跟科技发展趋势，培养新一代信息技术、人工智能、生物技术等前沿领域以及打赢国家关键核心技术攻坚战所需的人才，提升人才培养对新质生产力形成、发展的基础支撑性作用。要探索拔尖创新人才"选育评用"机制，开展相应的"大中小学""本硕博"贯通培养改革。强化开放创新环境下的协同育人模式，如集成电路行业人才短缺已成为行业发展关键制约因素，其中领军企业的人才需求量大、种类多,对人才培育具有引领作用,要以企业为主深化产教融合。加强人才政策协同,保持各部门人才政策的稳定性和部门间的协同性,系统梳理与现有科技政策需要衔接之处,做好政策配套。加快推进相关人事制度改革,结合各地、各领域实际,灵活制定聘用制度和职称评定制度。打破体制藩篱,推动高校科研人员与企业人员双向流通,可根据其以往研发经历和研发成果给予相应的职称认定。加强国际人才引进,制定具有国际竞争比较优势的战略人才引进发展规划,探索建立系统性的技术移民制度,重点引进高层次人才和紧缺人才。

近年来,江苏省在坚持教育、科技、人才"三位一体"统筹推进,积极促进教育链、人才链、产业链、创新链深度融合方面作了卓有成效的探索,为发展新质生产力提供了强有力的人才支撑。他们重点聚力推进五个"百"工程,包括:"百花齐放"的人才培养工程,让博士后"聚"起来,让工程师"强"起来,让技能人才"多"起来;"百川归海"的人才招引工程,加大高校毕业生来苏留苏力度,加大海外优秀人才引进力度;"百计千谋"的人才攻关工程,紧扣产业链技术链"卡脖子"环节,引导保障各类人才承担关键共性攻关任务,实现"出人才"与"出成果"相统一;"百舸争流"的人才评价工程,让作出贡献的人才更有成就感、获得感;"百分满意就在身边"的人才服务工程,努力为人才提供全生命周期的服务体系。

(二)深化职业教育改革,加快培养高技能人才

加快发展新质生产力,不仅需要战略科学家与领军人才,也需要一大批高技能人才。缺少一流科学家,会出现"卡脖子"问题;缺少高技能人才,则会出现"卡腰"和"卡身子"的问题。研究表明,我国高技能人才仅占就业人员总量的8%左右,远低于美国、日本、德国等发达国家的30%~50%的水平。我们必须进一步深化职业教育改革,培养更多熟练掌握新质生产资料、运用新型生产工具的高技能人才,涌现更多的能工巧匠、大国工匠,才能有效地解决生产一线的实际问题,将创新成果有

效转化为现实生产力。

习近平总书记在参加十四届全国人大二次会议江苏代表团审议时与全国人大代表、中车南京浦镇车辆有限公司的巾帼电焊工孙景南有一段精彩的对话。孙景南在发言中谈到了自己对大国工匠的理解。习近平总书记点头赞许,称"这是顶梁柱",并同时指出"大国工匠是我们中华民族大厦的基石、栋梁","光图纸设计得好还不行,最后要落实到焊工手里","没有金刚钻,揽不了瓷器活",要求"要把职业教育搞好,要树立工匠精神"。

面对发展新质生产力这篇"大文章",迫切需要依法深化改革,尤其是突破产教融合、校企合作体制机制上的"堵点"和"痛点",聚焦国家重大战略需求,围绕新一代信息技术产业、高档数控机床和机器人、高端仪器、新材料、新能源汽车等新型工业化重点领域率先"破局",依法打造中国职业教育改革发展新模式,在服务新质生产力生成和推动高质量发展上多作贡献。

一是锚定办学方向,优化职业教育类型定位。

一百年前,黄炎培先生提出,职业教育的办学就是为个人谋生之准备,为个人服务社会之准备,为国家及世界增进生产力之准备。但是,目前职业教育的社会评价不高,吸引力不足,学制弹性不足,灵活度不够,对有职业教育需求的已就业人群支持力度不足,一些院校仍然存在专业设置、教学内容与生产一线脱节的现象。优化职业教育类型定位,归根到底是要锚定服务发展、促进就业,服务新质生产力的办学方向,打开"围墙",服务于经济社会和实体经济发展,有利于促进就业。同时,进一步增加高中教育的弹性,动态优化职业学校和普通学校的融合和特色均衡发展,探索综合高中校内职普转换、学生多元选择的有效途径,推动中等职业教育与普通高中融合发展,应对学龄人口波谷影响。

二是深化产教融合,提高职业教育质量。我国经济社会进入高质量发展阶段,产业结构持续升级转型,产教深度融合面临产业主导动力不足、教育供给侧单向驱动等问题,职业院校人才培养与产业行业发展的结构错位日益凸显。人力资源和社会保障部数据显示,技能劳动者的求人倍率长期保持在 2 左右,技能型人才缺口高达 2000 万左右。产业工人要后继有人,提高职业教育质量是前提。在 2024 年两会上,中华全国总工会副主席杨宇栋在大会发言中建议,大力发展高水平职业教育,让产业工人蓄水池"满起来"。

面对新一轮科技革命和产业变革,应聚焦国家重大战略需求,以新兴战略产业需求为导向,强化产教融合、科教融合平台建设,整合科技创新资源;以创新型技术技能人才培养为主线,加快数字化转型,促进职业教育供给侧与产业需求共生共长,推动科技、人才、教育一体化发展。

三是弘扬教育家精神,加强职业教育教师队伍建设。教师队伍能否高质量建设决定了职业教育是否能够高质量发展。要以教育家精神为引领强化高素质专业化教师队伍建设,引导广大职校教师弘扬践行教育家精神,提升工匠精神和创新能力,积极有序有效投身现代职业教育体系建设改革,不断提升师德师风、育人水平、实践能力和数字素养,打造一支理想信念坚定、师德高尚、技艺精湛、结构合理、充满活力的工匠良师队伍，为国家培养更多支撑科技进步和产业变革的高素质技术技能人才、能工巧匠、大国工匠。

四是全面深化改革，鼓励企业行业参与职业教育。深化产教融合、校企合作是发展职业教育的基本经验。一方面，要进一步优化职业教育的专业设置和课程体系，推进校企联合培养、订单式培养等工学一体的培养模式。要推动企业和社会力量举办高质量职业教育，深度参与高技能人才培养。制定更开放合理的职业教育办学资质规定和更为有效的企业参与职业教育激励性政策，落实国家、省市各项职业教育财政补贴政策，激发企业的办学主体活力和技能投资积极性。同时，鼓励行业组织协调跨企业的技能培训，促进行业内部技能的积累。通过强有力的行业组织来协调中小企业的技能培训，建立混合所有制的跨企业培训机构，满足中小企业的技能需求，促进行业内技能的形成和积累。发挥好行业组织在预测行业人力资源需求、制定行业职业教育准入标准和发展规划、参与技能等级鉴定标准的制定和调整、代表行业的长远利益实施或参与举办职业教育等方面的作用,提升行业自我管理、自我服务、自我监督的能力和水平。

另一方面,要积极推动落实职普融通,建立幼小中大职业技能与职业精神教育的贯通体系,让不同禀赋和不同需要的学生能够多次选择、多样化成才,探索高中后普职分流和职业教育层次提升的试点,真正做到让职业教育"有学头、有盼头、有奔头"。终身化的职业教育也是需要进一步加强的问题。第九次全国职工队伍状况调查显示,40.8%的制造业职工月均工资在4000元以下,32.5%的制造业职工希望打通管理、技术与技能人才的发展通道。应该通过终身职业教育助力产业工人职业发展,让产业工人腰杆子"硬起来"。

(三)加强企业主导的产学研深度融合

企业是最活跃的创新力量,是科技创新活动的主要组织者和参与者,也是加快形成新质生产力的实践主体和重要支撑。目前，美国的人工智能、量子、核聚变、商业航天等前沿技术领域的主导力量都是企业，包括谷歌、微软、IBM、SpaceX 等。我们在深圳的调研发现，企业创新能力强是深圳的显著特征，六个 90%（90% 以上的创新型企业是本土企业、90% 以上的研发机构设立在企业、90% 以上的研发人员集中在企业、90% 以上的研发资金来源于企业、90% 以上的职务发明专利出自企业、90% 以上的重大科技项目发明专利来源于龙头企业）和企业研发投入总量居全国第一是深圳的创新密码。深圳经验很好地揭示了，强化企业科技创新主体地位，是提升创新体系整体效能的关键所在，对于加快发展新质生产力、实现高质量发展具有重要意义。

应该说，在适当的政府政策支持下，我国的经济发展一定程度上取决于创新型企业的发展。当前，新一轮科技革命和产业变革正在重构全球创新版图、重塑全球经济结构，科技创新呈现出跨领域、多元主体、相互渗透、交叉融合的协同创新趋势。企业对市场需求反应更灵敏,科技创新的动力更足、针对性更强、效率更高。企业牵头组织创新联合体、企业主导产学研深度融合,更容易突破创新原有的地理和组织边界,破除现在产学研存在的多元主体利益纠结、重复研究、韧性不足等痛点,更有能力整合各类创新资源和要素,铺就从科技强到企业强、产业强、经济强、国家强的通道。

一是要进一步加强企业主导的产学研深度融合。国家专利局发布的数据显示,2022年我国发明专利的产业化率只有36.7%,而高校的发明专利产业化率只有3.9%,大量的科技成果都被沉积下来,没有及时转化成生产力,更没有促成新质生产力的发展。这一方面说明高校的科学研究更加侧重于发表论文,与企业的联系不够紧密,另一方面也说明以企业为创新主体的格局没有完全形成。当前,关键核心技术买不来,越来越多的企业需要突破技术封锁,而基础研究、应用研究、试验发展呈现出融通创新趋势,科技成果转化周期明显缩短,为产学研深度融合提供了契机,这就需要高校和科研机构更加主动地接轨企业的迫切需要，坚持需求导向、目标导向，强调市场驱动，探索企业出题、高校"揭榜挂帅"的产学研深度融合的组织新范式，帮助企业"解决真问题、真解决问题、问题真解决"，解决好"不敢转""不想转""不会转"等问题，不断强化企业主导的产学研深度融合，提高科技成果转化和产业化水平，实现产业发展与科技创新的良性互动，让更多科研成果完成"0 到 1""1 到 N"的跨越。

二是要抓紧培养企业紧缺急需的重点人才。习近平总书记指出，要"培养大批卓越工程师，努力建设一支爱党报国、敬业奉献、具有突出技术创新能力、善于解决复杂工程问题的工程师队伍""必须调动好高校和企业两个积极性""实现产学研深度融合"。根据工业和信息化部的研究，我国产业人才队伍呈现出三个明显不足：（1）重点领域人才数量不足。如，预计到 2028 年，工业互联网领域人才缺口 294 万人、智能制造领域人才缺口 370 万人。（2）高层次人才不足。产业人才层次、结构、地域分布不合理，人才交叉背景不足，实践和创新能力还不够高。(3)人才稳定性不足。由于工作环境、薪资待遇、价值追求等原因,人才流失率比较高。如,智能制造领域毕业生工作三年后仍然留在本行业的不及40%;新材料领域35~45岁中青年骨干极易被挖。[①]因此,要进一步完善企业和科技创新牵引的教育、人才发展体系,为发展新质生产力提供源源不竭的人才支撑。

三是要进一步强化科技领军企业的关键作用。作为新技术需求的最先捕获者和成果的最终应用者,要着力发挥好"出题人""答题人""阅卷人"作用,整合政府、高校、科研机构等各方力量,打造面向高水平科技自立自强的高能级创新联合体。事实证明,以高校科研机构为主的创新链与以企业为主的产业链深度融合,就会形成如同DNA的双螺旋结构,互相依存,互相促进,对于调整以高校为主体的科研成果转化模式具有重要作用。通过推进双链融合,企业科研更早地介入研发过程,提出更

---

① 引自工业和信息化部人事教育司交流材料。

具体、更贴近市场的技术需求，缩短科技成果的转化周期，实现科技创新成果的快速产业化，从而提高成果产业化的成功率。

（四）加大拔尖创新人才培养的力度

拔尖创新人才是与新质生产力最相适应的新型劳动者，也是促进和提升国家核心竞争力最重要的战略资源。中国人口数量庞大，基础教育阶段在校学生大约2.08亿人，倘若按照国际惯例大约1%算，即100个人里面会有1个属于"天才"或者"英才"，这些人是人群中的佼佼者，最有可能成为拔尖创新人才。甚至有人说，这200万孩子就是中国最宝贵的财富。

这些早慧的200万学生，除少数被北京八中、中国人民大学附属中学等中学挖掘发现，被中国科技大学、西安交通大学和东南大学的少年班以及"丘成桐少年班"录取外，剩下的大部分没有得到应有的关注和针对性的培养，相当多的学生在刷题中泯灭了才华，许多具有拔尖创新天资的人才被埋没其中。

针对我国拔尖创新人才培养和英才儿童教育现状，综合考虑当前国家强化战略科技力量的现实需求，以及应对今后国际科技合作和竞争的长期需要，我们建议，借鉴发达国家英才教育的经验，冲破教育公平的认识误区，尽快建立起我国拔尖创新人才培养、英才儿童早期发现和培养的科学完备体系。具体建议有以下四点。

一是解放思想，走出观念和认识误区，为英才教育正名。我国拔尖创新人才培养和英才教育落后的一个重要原因在于存在认识误区，认为英才教育有违教育公平原则以及社会主义办学方向，不敢在政策上予以突破。实质上，最好的教育，是能够帮助每个孩子成为最好的自己。真正的教育公平不排斥卓越、不强求齐步走，而是应该让每一个孩子都得到适合他自己的最好的教育，同时使一代人的发展成就最大化、社会整体利益最大化。韩国政府在"第一次英才教育振兴综合计划"中就把目标定为"培养对国家发展作出贡献的世界级少数精锐人才"，明确提出英才教育可以为国家培养知识经济时代所迫切需求的创新型人才，进而提升国家竞争力。

英才儿童在认知特征和人格特征上与一般儿童具有显著差异，英才教育作为一种教育形式，本质是把英才儿童甄别出来因材施教，这恰恰体现了教育的有质量的差异性公平，或者说实现了教育公正和正义。我们要警惕教育公平政策实施中存在的平均主义思想对英才教育的胁迫、对英才儿童的戕害，要走出对于教育公平、教育平等的庸俗化认识。特别是要充分认识我国科技创新、拔尖创新人才队伍建设对发展英才教育的迫切需求。

二是加强英才教育政策的顶层设计。要改变我国英才教育支离破碎、散兵游勇、自生自灭的状态，政府必须承担起相应责任，在英才教育中发挥主导作用，从组织规划、机构设置、课程开发、教学改进、管理制度保障等多个角度，对英才教育政策所涉及的各种问题进行系统筹划与整体改进。建议在教育部基础教育司下设英才教育管理处，在各省市教育部门设立省级英才教育管理机构，分别在国家层面和地方层面统筹推进英才教育，建立"国家指导、省级统筹、学校实验"的英才教育管理体系。

同时,建立英才教育的国家规划与国家标准,从政府管理、财政支持、英才甄选程序、英才教育体系结构、课程开发、教师培训、项目评估等各个方面,整体设计、全面规划我国英才教育的政策体系。按照先试点、再推广的模式,在"十四五"时期由省级推进开展多样化英才教育实验项目,鼓励探索。国家英才教育标准体系应包括如下内容:英才教育学校、英才教育班、英才教育校外机构的准入标准;学生甄选标准;学校培养标准;对学生的评价标准;对学校的硬件建设、师资、班额、财政经费等的管理标准。之后,还应该积极推进容纳英才教育的教育法治建设。

三是健全英才教育体系与教育模式。要打破学段限制,建立"小学—初中—高中—大学"相贯通的英才教育系统,为不同教育阶段的英才儿童提供"全覆盖"的特殊教育服务。在学前和义务教育阶段,实施普通班的融合—充实教育模式,即英才儿童与普通儿童同处一个教室内学习,但课内和课后都有针对英才儿童的区别性拓展课程。在高中阶段，可综合运用加速／充实、集中／融合等多种培养模式组合，以使英才教育能满足英才儿童对于教学进度、深度和广度的特殊需求。可以借鉴韩国、日本、美国的模式，建立一些真正意义上的英才科技高中，重点培养一批拔尖创新人才。在大学阶段，要给予学校更多的自主权，打破学制和专业限制，通过实验班、特殊项目等方式培养不同领域的拔尖创新人才。还要鼓励高水平大学与中学联合开展英才教育，合作开设课程。

四是建立英才教育研究与资源支持体系。建立国家级英才教育研究机构，提供专业支撑。其主要任务是：建设全国性英才教育数据库，追踪英才学生之成长、发展；制订英才教育总体方案，开发英才教育课程、教材与评价工具；调查及整合全国英才教育师资，进行全日制培训和在职进修，推动优秀专业师资养成；进行英才教育的国内外学术交流。要建立与英才教育体系相匹配的拔尖创新人才选拔体系，规范化地开展超常儿童的鉴别工作。在中考、高考中给予学校更多拔尖人才选材的自主权，让真正具有创新精神、创新潜能的人才进入英才教育。推动国家儿童中心、中国科协、高校与科研院所、国家重点实验室资源向英才学校、英才儿童有序开放，进行开放式、综合性实验教学，让学生在科学家的指导下进行实验探究，亲历科研实践过程，完成研究性学习任务，提升创新精神与实践能力。

深化教育改革，更好地助力新质生产力发展是一项综合性、系统性工程，以上只是从四个主要方面进行了初步探讨，其他如加快教育的数字化转型，培养青少年的数字素养，开辟数字时代新质生产力发展的新形式、新赛道、新动能等，也都是非常重要的内容，限于篇幅，就不一一讨论了。

（致谢：本文作者在写作过程中多次参与了全国政协教科卫体委员会和民进中央的相关课题调研，论文也部分引用了有关政府部门和相关调研单位的数据和发言材料，特此说明并感谢全国政协教科卫体委员会办公室和民进中央参政议政部的相关同志为本文作出的贡献。）

参考文献

1. 程如烟，张丽娟.美国国家科学院、工程院和医学院发布报告 加速发现的自动化研究工作流——使知识发现形成闭环［J］.科技参考，2023（4）.

2. 杜尚泽.发展新质生产力要因地制宜（两会现场观察）［N］.人民日报，2024-03-07.

3. 冯树春.加快发展新质生产力 推动江苏高质量发展［J］.习近平经济思想研究，2024（3）.

4. 关美，朱永新.韩国英才教育对我国超常儿童教育发展的启示［J］.中国特殊教育，2023（2）.

5. 郭强.加快发展新质生产力 进一步全面深化改革［N］.中国社会科学报，2024-03-21.

6. 胡军，陶锋.以双链深度融合牵引新质生产力加快发展［N］.中国社会科学报，2024-03-26.

7. 黄群慧.新质生产力是符合新发展理念的先进生产力质态［N］.人民日报，2024-05-22.

8. 姜澎.数字教育：打开通向数字文明的希望之门［N］.文汇报，2024-01-31.

9. 姜潭.新质生产力为全球经济发展提供新动能[N].中国教育报,2024-04-11.

10. 刘菲,谷奇峰.发展新质生产力 加速推进原始创新[N].光明日报,2024-05-30.

11. 刘明.筑牢发展新质生产力的国家战略人才支撑[J].习近平经济思想研究,2024(4).

12. 刘伟,陈彦斌."两个一百年"奋斗目标之间的经济发展:任务、挑战与应对方略[J].中国社会科学,2021(3).

13. 马海泉,樊秀娣.知识创新能力:大学的核心价值[J].中国高校科技,2019(5).

14. 毛丹、张继龙、杜怡锦、包志梅、张华峰.美国高校人工智能专业发展新趋势[J].教育决策参考,2023(19).

15. 朴钟鹤.韩国英才教育的历史沿革与特点[J].比较教育研究,2010(4).

16. 瞿葆奎.教育基本理论之研究(1978~1995)[M].福州:福建教育出版社,1998.

17. 王成斌.高校应成为教育科技人才一体化发展的枢纽[N].光明日报,2024-05-10.

18. 王若熙,杨桂青.教育如何服务新质生产力发展

［N］.中国教育报，2024-06-13.

19. 王晓晖，黄强.以发展新质生产力为重要着力点推进高质量发展［N］.人民日报，2024-03-12.

20. 杨宇栋.推进产业工人队伍建设改革走深走实——杨宇栋委员代表全国总工会在全国政协十四届二次会议第三次全体会议上的大会发言［N］.工人日报，2024-03-10.

21. 于光远.重视培养人的研究［J］.学术研究，1978（3）.

22. 于光远.关于教育是生产力的问题［J］.教育研究，1980（5）.

23. 曾铮.发展新质生产力需要重视的几个理论问题［J］.新型城镇化，2024（5）.

24. 张东.塑造未来人才培育新生态——专访民进中央常务副主席、中国陶行知研究会会长朱永新［N］.中国教育报，2024-06-11.

25. 张志杰，马岚.教育促进新质生产力发展的理论逻辑与路径［J］.河北师范大学学报（教育科学版），2024（3）.

26. 赵兵.坚定科技报国为民造福理想　加快实现高水平科技自立自强服务高质量发展［N］.人民日报，2024-01-20.

27. 中共中央党史和文献研究院.为全面推进强国建设、民族复兴伟业提供有力人才支撑——学习《习近平关于人才工作论述摘编》[N].人民日报，2024-05-17.

28. 中国教育科学研究院课题组.积极发挥教育促进人口高质量发展的战略作用[J].全国教育科学规划课题成果要报，2024（4）.

29. 中央编译局.马克思恩格斯选集（第二卷）[M].北京：人民出版社，1995.

30. 朱英杰."高精尖"如何"接地气"？三位委员共议"高校赋能新质生产力"[N].人民政协报，2024-03-27.

31. 朱永新.中国当代教育思想史[M].北京：中国人民大学出版社，2012.

32. 朱永新.深化职业教育改革　推进教育强国建设[J].教育与职业，2024（8）.

33. 朱永新，褚宏启.发现和培养拔尖创新人才研究[J].宁波大学学报（教育科学版），2021（6）.

（本文原载于《中国远程教育》2024年第8期，原标题为《以进一步深化教育改革助推新质生产力发展》）

强化教育的弹性设计,为人口高质量发展提供支撑

中共二十届三中全会就全面深化改革、推进中国式现代化问题作出重要部署,奏响了新时代新征程上全面深化改革开放的最强音。全会通过的《中共中央关于进一步全面深化改革、推进中国式现代化的决定》(以下简称《决定》)指出,教育、科技、人才是中国式现代化的基础性、战略性支撑,必须深入实施科教兴国战略、人才强国战略、创新驱动发展战略,统筹推进教育科技人才体制机制一体改革,健全新型举国体制,提升国家创新体系整体效能。

习近平总书记在 2024 年 9 月召开的全国教育大会的讲话中指出,建成教育强国是近代以来中华民族梦寐以求的美好愿望,是实现以中国式现代化全面推进强国建设、民族复兴伟业的先导任务、坚实基础、战略支撑,必须朝着既定目标扎实迈进。人口的高质量发展,是建设人才强国和教育强国的题中应有之义。《决定》在"深化教育综合改革"部分明确提出了"优化区域教育资源配置,建立同人口变化相协调的基本公共教育服务供给机制。完善义务教育优质均衡推进机制,探索逐步扩大免费教育范围。健全学前教育和特殊教育、专门教育保障机制。推进教育数字化,赋能学习型社会建设,加强终身教育保障"等具体举措。因此,如何强化教育弹性设计,合理配置教育资源,为人口高质量发展提供支撑,应该是当前和今后一个时期重要的教育改革任务。

一、人口素质深刻影响国家发展

中华民族的伟大复兴,离不开高质量的人口发展。2023年5月,习近平总书记在二十届中央财经委员会第一次会议上明确指出:"人口发展是关系中华民族伟大复兴的大事,必须着力提高人口整

强化教育的弹性设计，
为人口高质量发展提供支撑

体素质，以人口高质量发展支撑中国式现代化。"要求着眼于强国建设、民族复兴的战略安排，完善新时代人口发展战略，认识、适应、引领人口发展新常态，着力提高人口整体素质，努力保持适度生育水平和人口规模，加快塑造素质优良、总量充裕、结构优化、分布合理的现代化人力资源，以人口高质量发展支撑中国式现代化。

现代化的核心是人的现代化。全面提升人口素质既是现代化的重要内容，也是现代化建设最基础、最重要的支撑。根据舒尔茨的人力资本理论，"凝结在劳动者身上的，后天习得的，具有经济价值的体力、知识、健康、技能和能力"对于个人和社会发展都具有非常重要的作用，凡是能够提高劳动者素质的投资都属于人力资本投资，这是投资回报最高的领域。

近年来，我国的人口素质总体上有了长足进步，但是与现代化强国的目标仍然有很大差距。第七次全国人口普查数据显示，在 2020 年的全国人口中，大学文化程度的人口为 218360767 人，占总人口的15.13%；高中文化程度的人口为213005258人，占总人口的14.76%；初中文化程度的人口为487163489人，占总人口的33.75%；仅有小学及以下文化程度的人口为524967864人，占总人口的36.35%。从以上数据看，"大学和高中""初中""小学及以下"的三个人群大约各占三分之一，但"大学和高中"是三分之一弱，"小学及以下"是三分之一强。以上数据，不仅落后于欧美发达国家，也远低于韩国、日本、新加坡等亚洲国家。

从一线的生产员工来看，情况也不容乐观。《2023年农民工监测调查报告》显示，在全部农民工中，未上过学的占0.8%，小学文化程度的占13.8%，初中文化程度的占52.1%，高中文化程度的占17.5%，大专及以上的占15.8%。虽然大专及以上文化程度农民工所占比重比上年提高2.1个百分点左右，但是总体来看，初中以下文化程度的人仍然占全部农民工的近七成。通过各种有效途径，激发农民工业余学习的积极性，全面提高农民工的文化素养，是一个亟待探索的重要课题。

另外,根据第七次人口普查数据计算可得,中国的卓越工程师占比为2.5%。按国际劳工组织(ILOSTAT)的数据,这一占比远低于法国(9.4%)、德国(7.9%)、英国(5.9%)和美国(5.2%)。

当前,我国正处于人口大国向人力资源强国转变的关键时期。加大人力资本投资,全面提高人口整体素质,才能够为全面建设社会主义现代化国家、全面推进中华民族伟大复兴提供坚实的人力资源保障。

二、人口变化深刻影响教育供给

人口的规模和结构变化深刻影响教育供给。2012—2022年十年间,受全面二孩政策的影响,全国范围内基础教育阶段在校生总数呈现先减少后增加的态势。近几年,受人口出生率降低的影响,我国基础教育在校生将总体呈现先达峰后减少的变化趋势。同时,不同区域人口变动和人口结构的峰谷变化不同,教育需求具有差异性。这些都对教育资源的科学合理配置提出了挑战。

一是人口出生率下降对教育资源配置产生直接的影响。近20多年来,我国总和生育率呈总体下降趋势。2000年为1.22,2010年为1.18,2022年为1.06,均低于1.5的警戒线。根据我国国家统计局最新数据,2021—2023年,学前教育在园幼儿人数分别较上年减少13.1万人、177.7万人、534.5万人,学龄人口下降趋势明显。有学者对安徽省的相关研究发现,该省学龄人口总量已经从1990年的2172.68万降到2020年的1404.8万,2040年将跌破1000万人。其中学前学龄人口从2020年开始出现下降,小学、初中、高中、大学学龄人口峰值依次为2023年、2026年、2029年、2032年。

从未来发展来看,我国人口长期负增长已经很难逆转。有研究表明,我国2035年总人口将降至14.01亿人,2050年为13.17亿人,2079年降至10亿人以下,2100年降为7.71亿人。这些变化的趋势对中小学的学位需求和教师编制都会产生直接的影响。有研究发现,按照现行教职工编制标准计算,我国小学阶段学生总数和所需教师编制数从 2023 年到 2029 年将逐年下降，降幅达 32%；初中从 2023 年到 2026 年逐年上升达到峰值后，到 2035 年降幅也将达到 36.2%。有研究预测，到 2035 年全国将有 159 万小学教师、37 万初中教师过剩。对于人口减少的趋势，应该未雨绸缪，精准预测，及早应对。

二是学龄人口向中心城市集聚的趋势会影响教育资源配置。目前，我国经济社会区域发展不平衡的情况仍然比较突出，2022 年广东省、江苏省、山东省、浙江省、福建省、上海市六省市以 42.5% 的 GDP 贡献了全国 44.7% 的财政收入。GDP 最高省份是最低省份的 60 多倍，除上述六省市财政有盈余，其他省市都程度不同地依靠中央财政转移支付提供基本公共服务。而以上六省市也是人口流向相对集中的区域。在全国范围内，超大、特大型城市和发达省会城市的人口流入在一定程度上抵消了出生率下降产生的学位减少趋势，而城镇化进程的加快，也造成了乡村人口向城市流动的趋势，农村学校的"空心化"和县城学校的学位紧张同时存在。

有研究指出，人口机械变动对教育资源的影响主要表现在流动儿童对教育的影响：一方面，随着外来人口随迁子女比重的持续上升，会给流入地教育资源承载力造成影响；另一方面，部分流动儿童在流入地的就学状况仍存在一些不公平现象。在学龄人口变动过程中，教育资源将面临短缺与过剩交替出现、农村教育资源闲置、优质教育资源配置不均加剧、实际需求与供给失衡等突出问题。

随着人口的区域性、城乡性流动逐步加剧，高等教育也会受到很大程度的冲击，需要及时出台相应的政策支持西部高校和地方高校的发展。如针对学生对"首都圈大学"的偏好日益增强，地方大学面临着学龄人口减少和本地学生流失的双重挑战。为提升地方大学的竞争力，韩国政府计划于2025年在全国推行"区域创新系统和教育计划"，加大中央财政拨款力度，将地方大学建设成为区域创新中心。同时，韩国还通过"地方全球性大学"计划，5年内给予选定的30所非首都圈的大学或联盟1000亿韩元，在地方政府层面设立面向全球人才的"教育国际化特区",制定地方战略,以吸引全球人才,并将其与地方发展战略联系起来。我国的公共教育政策,应该考虑区域的差异性,减少一刀切,增强教育政策的弹性设计。

三是人口老龄化对教育资源配置的影响。人口老龄化既是人类社会进步的重要成就,也是人类面临的巨大挑战。根据联合国最新人口估计和预测数据,2000年我国60岁及以上人口比重超过10%,进入老龄化社会;2025年前这一比例将超过20%,进入中度老龄化社会;到2035年,这一比例将超过30%,进入重度老龄化社会。从规模来看,60岁及以上老年人口,2020年为2.5亿(该数据略低于我国第七次人口普查公布的2.6亿),预测2025年为3.1亿,2035年达到4.2亿,2050年将突破5亿。从结构来看,人口老龄化最突出的问题之一是高龄化。根据国家卫生健康委近日发布的《2023年我国卫生健康事业发展统计公报》,我国人均预期寿命已经达到78.6岁。相关研究发现,我国80岁及以上高龄老人,2020年为3219万,2035年将达到 7084 万，2050 年将达到 1.35 亿，2050 年 60 岁及以上老年人口的数量将是 2020 年的 2 倍，而对于 80 岁及以上老年人口，这一数值则达到 4.2 倍。发展老年教育是应对人口老龄化挑战的重要举措，它不仅有利于克服人口老龄化的负面影响，如减少国家和家庭的支出，减少家人对老人照料的时间和精力负担，还可以发挥人口老龄化的积极意义，如延长生命，提高生命质量，加速人的社会化进程等。同时，发展老年教育，对于盘活存量教育资本、提升其保值和升值的空间，使存量教育资本能够适应日新月异的科技进步和创新发展的需要，缓减劳动力老化过程对教育资本贬值的速度，也具有重要的意义。近年来，我国老年教育事业有了长足发展，据统计，截至 2023 年底，国家老年大学已成立 40 家老年大学分部、3000 个老年学习中心、5.5 万个老年学习点，全国老年教育公共服务平台线上注册用户 234.1 万人，服务 5640 万人次学习。但是，面对庞大的老年人群体，学习需求与资源供给间的矛盾仍然十分突出。这就需要我们根据老龄人的年龄特征和实际需求，创造性地利用各种存量教育资源和当代信息技术的发展成果，采取多种形式发展老年教育，积极推动人口存量教育资本的提升。

三、加强教育弹性设计的实施路径

人口变化对教育提出了新的挑战。如果教育资源配置与实际需求不匹配，就可能导致教育资源的过剩和短缺现象同时存在。为此，需要尽快加强教育的弹性设计，健全与人口变化相适应的教育资源统筹调配机制，增强资源配置的灵活性和适应性，为人口高质量发展提供支撑。

一是增加基础教育一贯制学校，统筹教育资源化解学龄人口峰谷转换的冲击。建议在教育强国建设系统谋划中，强化贯通式培养，改建一批一贯制学校，新建学校可以借鉴国外的"学苑"模式，尽可能按照一贯制学校建设，推动学前、小学、初中、高中一体化办学，加大教育资源跨学段动态调整和余缺调配，因地制宜统筹利用各学段教育资源，探索学段间、城乡间师资和校园校舍的统筹共享。

二是动态优化普职融通和特色均衡发展,增加高中教育弹性。强化区域内高中教育均衡发展,着力提升底部质量。加快扩大普通高中教育资源供给,因地制宜,有序推动部分中等职业学校转为普通高中。做好综合高中系统设计,鼓励各地推进综合高中建设,逐步取消综合高中学生学籍"职""普"之分,彻底解决学籍调整、转换、流动问题。探索综合高中学生多元选择的有效途径,研究建立适应普职融合的考试方式。

三是探索弹性学制,促进青年更早进入婚育期。赋予学校入学、跳级等自主权,加快区域内学分银行体系建设探索,打通线上线下学习资源,探索弹性上学机制建设,缩短在校学习年限,推动学生更早接受高等教育和职业教育,加快劳动力供给,促进婚育提前,释放更多可婚育人口。

四是破除教育领域的生育梗阻,为生育发展提供基础保障。

首先,要推进学前义务教育政策的出台。2000

**强化教育的弹性设计，
为人口高质量发展提供支撑**

年诺贝尔经济学奖得主詹姆斯·赫克曼的研究表明，在其他条件相同的情况下，对学前教育的投入产生的回报不仅远远高于其他教育阶段，也超过了对其他非教育领域（例如生产领域）投入可能产生的收益。分阶段分步骤地实施学前教育免费政策，从部分特定人群免费，如低收入家庭，到更大范围的覆盖；从5岁儿童到4岁，再到更低龄的儿童。

其次，要增加托育服务供给，促进托育服务与学前教育一体化发展。据报道，我国婴幼儿入托率仅为5.5%，但有超过三成的婴幼儿家庭有托育需求，托育服务处于供不应求状态。随着幼儿园入园率的下降，可以探索学前教育资源向托育服务开放，缓解普惠性托育资源不足、家庭托育成本高的问题。近年来，韩国政府在强化幼儿教育的国家责任，减轻父母养育孩子的经济与照料负担，进而增强生育信心，促进学龄人口回升方面进行了很有价值的探索。一方面通过整合两类机构的方式以提升教育服务质量，另一方面通过增加幼儿的教育资助，减轻父母的经济负担。所以，加快3岁以下婴幼儿托育服务发展，融合学前教育与托育服务，是深化教育改革的一项重要任务。

再次，在"双减"政策深入推进实施中，加快课堂模式变革，减少学习内容，降低难度系数，完善课后服务。如为了鼓励生育，降低父母的生育焦虑，2023 年 1 月，韩国教育部出台了一项名叫"Neulbom School"[①]的计划，面向小学生提供综合学校课程、课后活动和护理服务。同时，建议加强大中小学生殖健康教育，积极倡导健康生育观念。建立形式多样的学习中心，推动建立更加开放的教育体系，鼓励社会教育机构参与教育资源提供。逐步建立尊重个性、兼顾潜能、因材施教的新公平观。近年来，韩国教育部重组了韩国教育广播公司系统，将付费课程转化为免费课程，按年级大幅度

---

① Neulbom，意指像春天一样令人愉快。该项目明确学校的服务时间从原来的放学后至晚上七点扩展至上午七点至晚上八点，从原来的一周五天扩展至一周七天。项目从 2024 年第一学期起在两千多所小学的一年级首先推行，而后循序扩大范围，于 2026 年覆盖小学的所有年级。

增加学习内容，使学生可以自主定制自己的学习。

另外，建议研究免除二孩、三孩从幼儿园到大学本科期间的教育费用，或者为二孩、三孩家庭发放教育费用补贴等相关政策，以缓解由于教育问题导致的生育焦虑。

五是加强教师的弹性使用机制。教师资源的有效配置是实现教育高质量发展的前提和基础，对于因学龄人口数量与结构的变化而引起的专任教师的变化，中央政府需要出台相关政策进行统筹管理，及时调整供给，建立中小学师资动态调整机制，解决教师资源溢出或缺乏的问题。在小学已经达到峰值的情况下，可以抓住机会推进小班化教学，消除大班额。在初中和高中峰值即将到来前，可以适当放宽教师退休年龄，推进教师返聘制度或实行师资短期聘用制等，这样既能够缓解学龄人口波峰时期所面临的教师短缺问题，节省补充师资产生的新增成本，还可以降低未来波谷时期教师资源冗余的可能性。建议建立更加开放的教师资源配置体系，鼓励其他行业的优秀人员通过培训、考核进入教师队伍，这将有助于进一步提升教育品质，培育适合时代需要的优秀人才。

参考文献

1. 唐钧.教育水平：一个值得关注的人口结构问题[J].中国人力资源社会保障，2024（5）.

2. 宋子阳，张静，邓大胜.从关键指标数据看我国新时代人才强国建设[J].今日科苑，2023（1）.

3. 庞丽娟.积极应对人口挑战　把握发展契机　建设高质量教师队伍[J].教育研究，2024（3）.

4. 蔡弘，王欣怡.学龄人口结构变动与教育资源优化配置研究——以安徽省为例[J].重庆师范大学学报（社会科学版），2024（3）.

5. 费太安.人口与发展环境双重变化下实现高质量发展研究[J].全球化，2024（4）.

6. 李佳丽，童青，樊启星.2022—2040年我国义务教育学龄人口变动趋势与教育资源配置预测研究[J].北京教育学院学报，2024（4）.

7. 邬庭瑾，尚伟伟.人口变动背景下义务教育资源配置的挑战与应对［J］.人民教育，2020（1）.

8. 范金凤，丁笑炯.韩国人口危机下的教育应对措施［J］.教育国际交流，2024（4）.

9. 宋新明.中国人口老龄化及其健康挑战与疫苗免疫服务［J］.健康研究，2024（2）.

10. 牛建林.人口快速老龄化对中国教育供求关系和教育发展的影响［J］.清华大学学报（哲学社会科学版），2023（2）.

11. 鞠波，毛娜.基于我国人口老龄化的老年教育研究综述［J］.宁波开放大学学报，2024（2）.

12. 严冷，冯晓霞.学前教育作为人力资本投入的启示［J］.中国教育学刊，2009（7）.

13. 张立龙，史毅，胡咏梅.2021—2035年城乡学龄人口变化趋势与特征——基于第七次全国人口普查数据的预测［J］.教育研究，2022（12）.

（本文原载于《教育研究》2024年第9期，原标题为《强化教育弹性设计　支撑人口高质量发展》）